U0588754

与学生谈智力培养

《"四特"教育系列丛书》编委会　编著

吉林出版集团股份有限公司
全国百佳图书出版单位

图书在版编目（CIP）数据

与学生谈智力培养／《"四特"教育系列丛书》编委会编著 . 一长春：吉林出版集团股份有限公司，2012.4
（"四特"教育系列丛书／庄文中等主编 . 与学生谈生命与青春期教育）
ISBN 978-7-5463-8645-4

I . ① 与… Ⅱ . ① 四… Ⅲ . ① 智力开发－青年读物② 智力开发－少年读物 Ⅳ . ① G421-49

中国版本图书馆 CIP 数据核字（2012）第 044149 号

与学生谈智力培养
YU XUESHENG TAN ZHILI PEIYANG

出 版 人	吴 强	
责任编辑	朱子玉 杨 帆	
开 本	690mm×960mm 1/16	
字 数	250 千字	
印 张	13	
版 次	2012 年 4 月第 1 版	
印 次	2023 年 2 月第 3 次印刷	
出 版	吉林出版集团股份有限公司	
发 行	吉林音像出版社有限责任公司	
地 址	长春市南关区福祉大路 5788 号	
电 话	0431-81629667	
印 刷	三河市燕春印务有限公司	

ISBN 978-7-5463-8645-4   定价：39.80 元

前　言

学校教育是个人一生中所受教育最重要组成部分,个人在学校里接受计划性的指导,系统地学习文化知识、社会规范、道德准则和价值观念。学校教育从某种意义上讲,决定着个人社会化的水平和性质,是个体社会化的重要基地。知识经济时代要求社会尊师重教,学校教育越来越受重视,在社会中起到举足轻重的作用。

"四特教育系列丛书"以"特定对象、特别对待、特殊方法、特例分析"为宗旨,立足学校教育与管理,理论结合实践,集多位教育界专家、学者以及一线校长、老师们的教育成果与经验于一体,围绕困扰学校、领导、教师、学生的教育难题,集思广益,多方借鉴,力求全面彻底解决。

本辑为"四特教育系列丛书"之《与学生谈生命与青春期教育》。

生命教育是一切教育的前提,同时还是教育的最高追求。因此,生命教育应该成为指向人的终极关怀的重要教育理念,它是在充分考察人的生命本质的基础上提出来的,符合人性要求,是一种全面关照生命多层次的人本教育。生命教育不仅只是教会青少年珍爱生命,更要启发青少年完整理解生命的意义,积极创造生命的价值;生命教育不仅只是告诉青少年关注自身生命,更要帮助青少年关注、尊重、热爱他人的生命;生命教育不仅只是惠泽人类的教育,还应该让青少年明白让生命的其它物种和谐地同在一片蓝天下;生命教育不仅只是关心今日生命之享用,还应该关怀明日生命之发展。

同时,广大青少年学生正处在身心发展的重要时期,随着生理、心理的发育和发展、社会阅历的扩展及思维方式的变化,特别是面对社会的压力,他们在学习、生活、人际交往和自我意识等方面,都会遇到各种各样的心理困惑或问题。因此,对学生进行青春期健康教育,是学生健康成长的需要,也是推进素质教育的必然要求。青春期教育主要包括性知识教育、性心理教育、健康情感教育、健康心理教育、摆脱青春期烦恼教育、健康成长教育、正确处世教育、理想信念教育、坚强意志教育、人生观教育等内容,具有很强的系统性、实用性、知识性和指导性。

本辑共20分册,具体内容如下:

1.《与学生谈自我教育》

自我教育作为学校德育的一种方法,要求教育者按照受教育者的身心发展阶段予以适当的指导,充分发挥他们提高思想品德的自觉性、积极性,使他们能把教育者的要求,变为自己努力的目标。要帮助受教育者树立明确的是非观念,善于区别真伪、善恶和美丑,鼓励他们追求真、善、美,反对假、恶、丑。要培养受教育者自我认识、自我监督和自我评价的能力,善于肯定并坚持自己正确的思想言行,勇于否定并改正自己错误的思想言行。要指导受教育者学会运用批评和自我批评这种自我教育的方法。

2.《与学生谈他人教育》

21世纪的教育将以学会"关心"为根本宗旨和主要内容。一般认为,"关心"包括关心自己、关心他人、关心社会和关心学习等方面。"关心他人"无疑是"关心"教育的最为重要的方面之一。学会关心他人既是继承我国优良传统的基础工程,也是当前社会主义精神文明建设的基础工程,是社会公德、职业道德的主要内容。许多革命伟人,许多英雄模范,他们之所以有高尚境界,其道德基础就在于"关心他人"。本书就学生的生命与他人教育问题进行了系统而深入的分析和探讨。

3.《与学生谈自然教育》

自然教育是解决如何按照天性培养孩子,如何释放孩子潜在能量,如何在适龄阶段培养孩子的自立、自强、自信、自理等综合素养的均衡发展的完整方案,解决儿童培养过程中的所有个性化问题,培养面向一生的优质生存能力、培养生活的强者。自然教育着重品格、品行、习惯的培养;提倡天性本能的释放;强调真实、孝顺、感恩;注重生活自理习惯和非正式环境下抓取性学习习惯的培养。

4.《与学生谈社会教育》

现代社会教育是学校教育的重要补充。不同社会制度的国家或政权,实施不同性质的社会教育。现代学校教育同社会发展息息相关,青少年一代的成长也迫切需要社会教育密切配合。社会要求青少年扩大社会交往,充分发展其兴趣、爱好和个性,广泛培养其特殊才能,因此,社会教育对广大青少年的成长来说,也其有了极其重要的意义。本书就学生的生命与社会教育问题进行了系统而深入的分析和探讨。

5.《与学生谈创造教育》

我们中小学实施的应是广义的创造教育,是指根据创造学的基本原理,以培养人的创新意识、创新精神、创造个性、创造能力为目标,有机结合哲学、教育学、心理学、人才学、生理学、未来学、行为科学等有关学科,全面深入地开发学生潜在创造力,培养创造型人才的一种新型教育。其主要特点有:突出创造性思维,以培养学生的创造性思维能力为重点;注重个性发展,让学生的禀赋、优势和特长得到充分发展,以激发其创造潜能;注意启发诱导,激励学生主动思考和分析问题;重视非智力因素。培养学生良好的创新心理素质;强调实践训练,全面锻炼创新能力。本书就学生的生命与创造教育问题进行了系统而深入的分析和探讨。

6.《与学生谈非智力培养》

非智力因素包含:注意力、自信心、责任心、抗挫折能力、快乐性格、探索精神、好奇心、创造力、主动思索、合作精神、自我认知……本书就学生的非智力因素培养问题进行了系统而深入的分析和探讨,并提出了解决这一问题的新思路、可供实际操作的新方案,内容翔实,个案丰富,对中小学生、教师及家长均有启发意义。本书体例科学,内容生动活泼,语言简洁明快,针对性强,具有很强的系统性、实用性、实践性和指导性。

7.《与学生谈智力培养》

教师在教学辅导中对孩子智力技能形成的培养,应考虑智力技能形成的阶段,采取多种教学措施有意识地进行。本书就学生的智力培养教育问题进行了系统而深入的分析和探讨,并提出了解决这一问题的新思路、可供实际操作的新方案,内容翔实,个案丰富,对中小学生、教师及家长均有启发意义。本书体例科学,内容生动活泼,语言简洁明快,针对性强,具有很强的系统性、实用性、实践性和指导性。

8.《与学生谈能力培养》

真正的学习是培养自己在没有路牌的地方也能走路的能力。能力到底包括哪些内容?怎样培养这些能力呢?本书就学生的能力培养问题进行了系统而深入的分析和探讨,并提出了解决这一问题的新思路、可供实际操作的新方案,内容翔实,个案丰富,对中小学生、教师及家长均有启发意义。本书体例科学,内容生动活泼,语言简洁明快,针对性强,具有很强的系统性、实用性、实践性和指导性。

9.《与学生谈心理锻炼》

心理素质训练在提升人格、磨练意志、增强责任感和团队精神等方面有着特殊的功效,作为对大中专学生的一种辅助教育方法,不仅能够丰富教学内容,改革教学模式,而且能使大学生获得良好的体能训练和心理教育,增强他们的社会适应能力,提高他们毕业之后走上工作岗位的竞争力。本书就学生的心理锻炼问题进行了系统而深入的分析和探讨。

10.《与学生谈适应锻炼》

适应能力和方方面面的关系很密切,我认为主要有以下几个方面:社会环境、个人经历、身体状况、年龄性格、心态。其中最重要是心态,不管遇到什么事情,都要尽可能的保持乐观的态度从容的心态。适应新环境、适应新工作、适应新邻居、适应突发事件的打击、适应高速的生活节奏、适应周边的大悲大喜,等等,都需要我们用一种冷静的态度去看待周围的事物。本书就学生的社会适应性锻炼教育问题进行了系统而深入的分析和探讨。

11.《与学生谈安全教育》

采取广义的解释,将学校师生员工所发生事故之处,全部涵盖在校园区域内才是,如此我们在探讨校园安全问题时,其触角可能会更深、更远、更广、更周详。

12.《与学生谈自我防护》

防骗防盗防暴与防身自卫、预防黄赌毒侵害等内容,生动有趣,具有很强的系统性和实用性,是各级学校用以指导广大中小学生进行安全知识教育的良好读本,也是各级图书馆收藏的最佳版本。

13.《与学生谈青春期情感》

青春期是花的季节,在这一阶段,第二性征渐渐发育,性意识也慢慢成熟。此时,情绪较为敏感,易冲动,对异性充满了好奇与向往,当然也会伴随着出现许多情感的困惑,如初恋的兴奋、失恋的沮丧、单恋的烦恼等等。中学生由于尚处于发育过程中,思想、情感极不稳定,往往无法控制自己的情绪,考虑问题也缺乏理性,常常会造成各种错误,因此人们习惯于将这一时期称作"危险期"。本书就学生的青春期情感教育问题进行了系统而深入的分析和探讨。

14.《与学生谈青春期心理》

青春期是人的一生中心理发展最活跃的阶段,也是容易产生心理问题的重要阶段,因此要关注心理健康。本书就学生的青春期心理教育问题进行了系统而深入的分析和探讨,并提出了解决这一问题的新思路、可供实际操作的新方案,内容翔实,个案丰富,对中小学生、教师及家长均有启发意义。本书体例科学,内容生动活泼,语言简洁明快,针对性强,具有很强的系统性、实用性、实践性和指导性。

15.《与学生谈青春期健康》

青春期常见疾病有,乳房发育不良,遗精异常,痤疮,青春期痤疮,神经性厌食症,青春期高血压,青春期甲状腺肿大,甲型肝炎等。用注意及时预防以及注意膳食平衡和营养合理。本书就学生的青春期健康教育问题进行了系统而深入的分析和探讨,并提出了解决这一问题的新思路、可供实际操作的新方案,内容翔实,个案丰富,对中小学生、教师及家长均有启发意义。本书体例科学,内容生动活泼,语言简洁明快,针对性强,具有很强的系统性、实用性、实践性和指导性。

16.《与学生谈青春期烦恼》

青少年产生烦恼的生理原因是什么?青少年的烦恼有哪些?消除青春期烦恼的科学方法有哪些?本书就学生如何摆脱青春期烦恼问题进行了系统而深入的分析和探讨,并提出了解决这一问题的新思路、可供实际操作的新方案,内容翔实,个案丰富,对中小学生、教师及家长均有启发意义。本书体例科学,内容生动活泼,语言简洁明快,针对性强,具有很强的系统性、实用性、实践性和指导性。

17.《与学生谈成长》

成长教育的概念,从目的和方向上讲,应该是培育身心健康的、适合社会生活的、能够自食其力的、家庭和睦的、追求幸福生活的人;从内容上讲,主要是素质及智慧的开发和培育。人的内涵最根本的是思想,包括思想的内容、水平、能力等;外显的是言行、气质等。本书就学生的健康成长问题进行了系统而深入的分析和探讨,并提出了解决这一问题的新思路、可供实际操作的新方案,内容翔实,个案丰富,对中小学生、教师及家长均有启发意义。

18.《与学生谈处世》

处世是人生的必修课,从小要教给孩子处世的技巧,让孩子学会处世的智慧,这对他们的成长至关重要。本书从如何做事、如何交往、如何生活、如何与人沟通、如何处理自己的消极情绪等十个方面着手,力图把处世的智慧教给孩子,让孩子学会正确处理复杂的人际关系。本书体例科学,内容生动活泼,语言简洁明快,针对性强,具有很强的系统性、实用性、实践性和指导性。

19.《与学生谈理想》

教育是一项育人的事业,人是需要用理想来引导的。教育是一项百年大计,大计是需要用理想来坚持的。教育是一项崇高的事业,崇高是需要用理想来奠实的。学校没有理想,只会急功近利,目光短浅,不能真正为学生终身发展奠基;教师没有理想,只会自怨自艾,早生倦怠,不会把教育当作终身的事业来对待。学生没有理想,就没有美好的未来。本书就学生的理想信念问题进行了系统而深入的分析和探讨,并提出了解决这一问题的新思路、可供实际操作的新方案,内容翔实,个案丰富,对中小学生、教师及家长均有启发意义。

20.《与学生谈人生》

人生观是对人生的目的、意义和道路的根本看法和态度。内容包括幸福观、苦乐观、生死观、荣辱观、恋爱观等。它是世界观的一个重要组成部分,受到世界观的制约。本书就学生如何树立正确的人生观问题进行了系统而深入的分析和探讨,并提出了解决这一问题的新思路、可供实际操作的新方案,内容翔实,个案丰富,对中小学生、教师及家长均有启发意义。本书体例科学,内容生动活泼,语言简洁明快,针对性强,具有很强的系统性、实用性、实践性和指导性。

由于时间、经验的关系,本书在编写等方面,必定存在不足和错误之处,衷心希望各界读者、一线教师及教育界人士批评指正。

编者

目　录

第五章　学生的思维力教育培养

第一章

学生智力因素的培养方法

1. 学生的记忆力培养

记忆，就是人们将获取的知识与经验保存在头脑中，需要时回忆或提取出来的心理过程。记忆是智慧之母，培根说："一切知识，只不过是记忆"。人们记忆的过程，可用电脑来比喻：识记好比是电脑的输入，保持好比存储，再现好比是输出，没有输入则没有电脑的存储和输出，没有识记也就没有人脑的保持和再现。

记忆暗示性较大。小学生的记忆是记的快，忘的快，记忆的内容又多，根据外表的颜色和式样来记，而记不住本质的东西。所以有的家长就要说自己的孩子是"马大哈"，记忆力不好，其实以上的表现都是小学生记忆的特点。在学习中如何根据不同的年龄阶段来科学的增强学生的记忆就显的相当重要。

让学生明确记忆的目的性

学习记忆要明确记忆的目的性，也就是让其知道应当记些什么。确定明确的目标，给大脑以明确的驱动力，这样可以提高大脑皮层的兴奋度，建立的暂时神经联系得到巩固，在大脑皮层留下深深的印记，使记忆准确、持久，再加上集中记忆力，聚精会神的去进行记忆，记忆才会有良好的效果。

在积极的思维过程中记忆

理解是记忆的基础。只有对记忆材料积极思考、进行思维加工达到深刻理解的基础，达到理解记忆的程度，记忆内容才能保持长久，仅靠死记硬背，则不容易记住。数学概念、定理、规律等，小学生记忆这类材料时，一般不采取逐字逐句强记硬背的方式，而是首先理解其基本含义，即借助已有的知识经验，通过思维进行分析综合，把握材料各部分的特点和内在的逻辑联系，以便保持在记忆中。

例如：在教学圆柱体表面积时，先让学生动手，观察得出侧面展开图的长是底面圆的周长，宽是圆柱体的高，利用长方形面积计算思路就可求出侧面积，再加上两个底面积就是整个圆柱体的表面积。这样学生就真正理解了表面积包括两个部分，学生就不容易记错公式了。因此，加强对所记材料内容的理解是增强记忆的重要前提。通过理解，抓住知识的"来龙去脉"，你就会很容易地记住材料的内容。

良好的情绪有助于记忆

成人都知道，对孩童时期的记忆大多和当时的情绪体验有关，有时记忆的内容忘了，可当时的情绪效果却一直保留在记忆中。情绪记忆是记忆内容的一个重要方面，积极的情绪记忆常伴有愉快、满足、喜悦等体验，而消极的情绪记忆常伴有恐惧不安、痛苦、孤独等体验。

积极的情绪记忆会使人变得乐观、自信、开朗和豁达，而消极的情绪记忆则会给人带来不同程度的消极影响。因此，家长和教师应该注意培养孩子积极的情绪记忆，应创造一个和谐的生活、学习环境，这样能使孩子产生愉快安全的体验。

采取多种方法帮助记忆

要达到有效的记忆的效果，不是件易事，但是在困难面前，一定要记住一句话"方法总比困难多"，不同的方法有不同的效果，需要不断的探索、总结。如：平心静气、自信"一定能够记住"、和愉快的事情相联系、细致地观察、充分理解、辨别特征、调动身体各器官协同记忆、编成歌诀、适当的分散记忆的方法对记忆都是有帮助的。

利用练习条件和方法促进记忆

俗话说"熟能生巧"，要达到生巧的目的，除了要练习之外还要注意练习的条件与方式，只有完美的练习才能造就完美。教师必须通过言语解释，使学生知道正确的练习方法。如启发学生通过自己的分析，掌握正确的方法，就能收到更好的效果。

实验研究表明：在纠正学生的错别字时，只叫学生练习而不向学生讲清道理，效果最差。如果启发学生自己分析字形，懂得字形结构的道理，然后进行练习，效果就要好得多。实验和教学经验还表明：在算术教学中，要求学生说明运算的道理，对培养算术技能有重要的作用。适当地使练习方式多样化，不仅可以提高学生的兴趣，保持学生的注意，而且还可以培养学生在实践中灵活运用知识的技能。

例如，为了培养学生对外语的听、说、读、写的"四会"技能，在课堂教学中可以利用问答、会话、朗读、背诵、听写、默写、造句、看图作文和独立作文等方式，在课外可以组织朗读比赛、外语晚会、外语通信、用外语写黑板报等活动。

2. 学生的观察力培养

观察是学生学习和研究自然科学最基本的方法，对学生进行观察能力的培养就显得尤为重要。但观察能力的培养并不能一蹴而就，而要循序渐进。观察是在事物的自然条件下为一定任务进行的知觉过程。观察力是善于全面、深入、正确地认识事物特点的能力。为了使学生从"学会"转变为"会学"，在自然科学的学习中，观察力的培养就显得尤为重要。

为什么要培养学生的观察力

（1）观察是研究自然科学的基本方法

人们认识自然总是从观察开始，而自然科学是一门研究自然现象和自然规律的学科，这种方法的掌握、能力的具备，对自然科学的学习和研究有着很大的帮助。

（2）观察是认识自然现象首要步骤

在中学自然科学的教学中，学生只有以感性认识为基础，才能在教师的指导下进行积极的思维，从而形成概念、掌握规律。

（3）良好的观察力使学生更快的适应学习

适应现代科技的发展，使他们成为具有创造精神的智能型人才有着深远的意义。

如何培养学生的观察能力

（1）引导学生明确观察的目的和任务

例如：在做观察鲫鱼的实验中，如果学生不明确观察的目的，就会只看热闹，只顾观察鱼鳍被剪去之后，游动不协调的样子。教师如果事先提出观察目的和重点，学生就会在观察中努力寻求鱼鳍的作用。这样，观察就会收到良好的效果。

又如：在讲单、双子叶植物在形态上的差异时，可以让学生到野外采集一些单、双子叶植物，然后让学生从根、茎、叶、花、果实、种子六个方面来进行对比观察，也会受到良好的效果。

（2）要有充分的观察准备有条不紊的进行

在教学过程中，学生已有的知识经验会直接影响观察效果，无论是课外观察还是实验观察，引导学生复习或预习有关知识是非常必要的。实验观察应事先安排好实验程序，明确观察的重点和难点，准备好实验材料和用品，必要时演示一次，以便摸索成败的经验；野外观察也应考虑好观察的程序和步骤，观察的要点，可能发生的问题以及对学生的具体要求等。这些充分的准备，周密的计划是引导学生完成观察任务的重要条件。

例如：在做脊蛙反射实验时，最好先和学生一块回忆反射弧的五个部分及其作用，然后在指导学生动手操作并进行观察。又如：在练习使用显微镜的实验中，因学生是第一次接触较精密的仪器，若让学生自己摸索，难免会出现许多问题，甚至会因操作不当而损坏仪器。所以教师应事先让学生观看一次显微镜操作的录像或亲自演示一遍，然后让学生动手实践，从而掌握显微镜的使用方法。

（3）在观察过程中培养学生良好的观察习惯

在观察活动中，每个学生的知识经验，个性特点，心理品质各不相同，因而观察的效果也不一样。有的学生只凭兴趣，抓不住重点；有的学生走马观花，观察不能深入；有的草率急躁，观察欠持久；还有的眼光狭窄观察不全面……因此，教师有针对性的对学生进行个别指导是完全必要的。

例如：学生在观察兔子时，有的学生看到兔子在吃草，这时注意它的生活习性；有的学生注意到兔子的外表颜色，身披白毛；有的学生注意到兔子的外部形态，长耳朵，裂嘴唇等等。此时教师应给予个别指导，指导他们全面观察兔子的外部形态。对于观察较迟钝，觉得周围没有什么可看的学生，教师应激发和培养他们的观察兴趣和习惯。

例如：在讲绿色开花植物的变态茎、变态根时，可以拿出一些实物。这些本身不一定有太大的兴趣，但若让学生用自己学过的知识来逐一区分哪些是变态茎、哪些是变态根时，也就更大程度上激发了学生的兴趣，观察就会收到良好的效果。

对于观察缺乏系统性的学生，应该引导他们由近及远、由小到大、由外表向本质、从整体到部分，再从部分到整体、从上到下、从左到右、从静态到动态的观察；对于观察时依赖性较大的学生，应加强观察活动中的主动性和独立性的训练。例如：在做解剖青蛙的实验中，许多学生认为只要把青蛙解剖好就完事了，这时候教师应当指导学生从解剖的青蛙中找出心脏、肺、胃、肝、胆、肠等器官。

（4）引导学生学会记录并整理观察结果

在分析研究的基础上，做好记录，同时还要引导学生开展讨论，不断提高观察能力。

例如：在用量筒测不规则物体的体积时，对于所观察的数据要作及时而又准确的记录，这样才能很好的完成实验。通过实验所得到的是测量值它与真实值之间还存在误差，所以对如何减小误差这一问题展开讨论是完全有必要的。

培养过程中应注意的问题

（1）观察的对象要能引起学生的兴趣

兴趣是学习的动力，良好的学习兴趣是培养观察力的自觉动力。教师应创造条件使学生接触各种自然现象。一方面，在教学中加强观察和实验，以引起学生学习自然科学的兴趣；另一方面，对自然科学学习的兴趣又能对观察能力的培养起积极作用。教师通过精彩的实验，配合生动的语言，让学生聚精会神，唤起他们学习自然科学的兴趣。

例如：演示针轻微刺手后缩手，落叶下落等实验后，教师再提出问题：为什么手被针刺之后总是先缩手而后感到疼，为什么落叶总是背面向上……学生对这些现象感到新奇而又有趣，其中不少情形就发生在自己身边，但从未想过为什么，对老师提出的问题不明所以，难以回答。这样他们就会被这些现象所吸引，带着浓厚的兴趣开始注意观察教师的演示，思考与日常生活有关的现象。特别当学生学习自然科学的兴趣较高时，他们已由"看热闹"上升到要解决"为什么"的阶段。

此时，他们会带着积极的思维参与观察活动，寻找现象的原因，这样观察中细致性、持久性就会得以加强，从而提高观察能力。

（2）观察时要尊重客观事实

自然界和生活中的各种现象是客观存在的，它不以人的主观意志为转移，观察时必须尊重它的客观性。在实验教学过程中，许多客观现象或结果与所采用的条件有密切关系，有时会使实验现象不明显，甚至观察不到实验现象，还有可能实验现象与所给的实验结果不符。遇到这种情况，应尊重实验的客观事实，同学生一块寻找原因。

例如：在做脊蛙反射实验时，因所用青蛙大小不一，有的特别小，做出来的实验现象就不很明显。原因是特别小的脊蛙神经系统还不够完善。又如：在做碘液遇淀粉变蓝的实验中，碘液浓度直接会影响实验的结果。所以，在观察中要尊重客观事实，这也是培养学生一种严谨的科学态度。

（3）在观察中要对知识温故而知新

观察都是在观察者具备了一定知识经验的基础上进行的。所以，对学过的知识在进行观察活动前予以复习，这样才能更好的在观察活动中学习新的知识。例如：在观察花的形态和结构时，学生已经学习过桃花的结构。若在观察之前，先对桃花的结构加以复习，那么此次观察活动的效果就会更好一些。

总之，初一阶段是刚刚开始学习观察，主要是逐步的认识观察、学会观察，为以后更深入、更有效的进行观察打下坚实的基础。

3. 学生的注意力培养

对学生的学习来说，注意力是保证学生顺利学习的重要前提。注意力的好坏与学生学习成绩有着紧密的联系。

学习成绩好的学生与学习成绩差的学生之间明显的差别之一就是注意力的好坏。学习成绩好的学生，上课一般都能集中注意力，能独立思考问题，认真做作业。他们在学习时很少受外界干扰，即使有时老师讲得并不那么生动，他们也能自我约束，有意识地组织注意力，不让自己的思想开小差。反之那些学习落后的同学，他们上课时注意力涣散，不能全神贯注地听讲，小动作很多。有的学生他好像是在听课，实际上思想已经没在课堂上了，有的甚至在上课时打瞌睡，无精打采。对这部分学生教师应该怎么办呢？

加强学生注意力不集中教育

（1）加强课堂教育

让学生认识到课堂集中精力的重要性，通过教育让学生认识到在课堂上集中精力听老师讲课是学生搞好学习的基础。毕竟学生课堂学习的时间占据了学生学习的大多数时间。重视课堂学习，注意听讲，比学生在课后自己去钻研所花的时间要少得多，而且长期坚持专心听讲，还会使学生的课堂注意力得到提高。

（2）注意课前预习

课前预习可以帮助学生降低课堂听课难度，增加课堂听课的针对性。很多学生在学习中都没有这样的习惯，认识不到课前预习的重要性。在开始时需要教师培养学生这方面的意识，甚至需要对学生加以监督检查，让学生形成习惯。学生在学习过程中一旦有了成就感，在今后的学习中就好办了。比如在单词教学时，如果学生在课前能把单词读会，甚至能把单词记一记，那么教师在教学时学生就会很轻松，对教师讲解单词短语的用法就能很容易接受。

（3）尽快适应教学模式

每个教师都有自己的教学模式与特定的教学步骤和特点。比如有的老师的教学模式是先处理整个单元的单词，先教会学生读单词，再讲解单词的用法。讲解用法时往往结合本单元的重点语法知识，重点句型，重点语言点，这是一个单元的重中之重。如果学生在这一阶段认真学，效果好的话，可以为整个单元的学习打下坚实的基础。除了听力教学外，还重点训练学生的笔头写作能力。由于有了前面的基础，学生一般也不会感到太难。最后是阅读教学，这一部分除了培养学生的阅读能力外，还涉及一些重要语言点。学生在了解教学模式以后，就会在每一个步骤前做好预习，而且明白自己在每一个阶段所要达到的学习效果。如果能做到这一点，学习效果自然就不会差。

（4）教会学生排除干扰

不受影响，可以这样告诉学生，当他发现自己有轻视讲课内容的苗头，或教师讲课方式不适合自己口味，或思想不自觉开小差的时候，要及时纠正过来，不能任其发展。当课堂上出现不安静，其他同学干扰，或外界的影响时，也要排除干扰，不受影响，保持集中注意的心理状态。上课不是看电影听故事，没有强烈的故事情节和鲜明的形象去吸引你的注意力。课堂讲授的各种科学知识有它的知识体系，概念系统，比较抽象概括，它需要借助意志力的帮助，自我控制，去战胜分散注意的各种内外干扰因素，做到有意识地注意，有目的地学习。

（5）教会学生课堂上思考

有的学生在课堂上听课就像是在看电视或听收音机一样，看似在听老师的讲课，实际上没有积极思考老师授课的内容，对听课内容不求甚解。对英语学科而言，学生在课堂上边听课还应该边记忆，对一些语法知识，学生应该力求听懂，在听懂的基础上再加以记忆。如果学生在课堂上专心听，一边听讲，一边很快地思考，弄懂所讲的意思，大脑就会处于兴奋状态，注意力就会集中在讲解的内容上。对课堂上当时没听懂的问题可以先记下来，课后再去向老师或同学们请教。

（6）教会学生记笔记

学生在课堂上不仅要听、看、想，还要会记笔记。有些同学在课堂上一字不漏地把老师讲的内容记下来，但没有工夫思考，听完后脑袋里面一片茫然；有的学生只顾听，不愿思考一下，不愿动笔记笔记，这两种情况都会影响上课的效果。在上课时要善于转移和分配注意力，听讲时还要快速地想，当听到重点的内容或老师补充教科书上没有的材料就简要地记一下，以帮助课后复习和理解。同时拿一支笔做笔记可以减少开小差的机会，有利于学生集中注意力。

（7）培养注意重点的习惯

不管是听课，或者是作业，还是做别的什么事情，都要动脑子分析、综合和比较，通过思考区别出所学内容的重点和非重点，本质和现象。动脑子思考，不仅能把注意力吸引过来，而且一旦区别重要的与一般的内容，便能使认识得到加深，还会产生愉快地体验，使注意力稳定得更久。

（8）关注意力不集中的学生

教师对自己的学生应该有充分的了解，哪些学生在课堂上容易开小差，老师应该清楚。对这部分学生，教师在课堂上应该给予高度关注，一旦发现他们有开小差的现象，应及时加以提醒，比如让他重复刚才老师讲话的内容，让他回答一些问题，等等。经过长时间的训练，学生的注意力自然会有所提高。

4. 学生的创新思维能力培养

培养学生的创新精神和实践能力已成为我国教育改革的主旋律。在数学教学中，如何充分利用课堂实际，切实培养学生的创新思维能力。从激发学生创新思维的兴趣、培养学生的创新思维方法、加强学生创新思维的训练三方面进行论述，共同探讨在教育教学中如何培养学生创新思维能力。

激发学生创新思维的兴趣

"兴趣是学生发展思维能力的一个巨大推动力"。兴趣越浓，注意力越集中，观察越仔细，思维记忆等多种智力因素活动也就越活跃。为了使学生通过自己的创造性思维而掌握知识，教学中就必须创设生动有趣、充满挑战的教学情境，激发学生的学习兴趣，引导学生积极思考，以此促进学生展开和尝试各种创造性思维。

（1）点燃好奇之心

教师在课堂上要善于创设一种能促进学生产生各种好奇心理的教学氛围，让学生对新知识的探求具有满腔热情和迫切愿望。这样，他们在学习的过程中就会自觉积极地开动脑筋思考问题。在好奇心的驱动下，引导学生去积极地探索、观察和思考。从而通过尝试各种创造性的思考，自主完成了这个新知识的建构和理解。

（2）创设自主探索教学情境

学生的创造性思维只能在主动积极的探究性学习中培养。教学中，要给学生动手操作的机会，在动手操作的过程中鼓励他们仔细观察，自主探索新知识，寻找新规律，这是培养学生创新思维能力的有效途径之一。

（3）精心设计问题

古希腊教育家苏格拉底倡导这样一种教学法。即在教学中，并不直截了当把学生应知道的知识告诉他，而是通过讨论、交流甚至辩论的方式来揭露对方中认识的矛盾，逐步引导学生自己最后得出正确的答案。这也就要求我们在教学中要注重精心设计问题，积极营造宽松讨论氛围。

培养学生的创新思维方法

（1）培养首创精神

为了培养学生的首创精神，老师应当为他们提供较灵活开放的学习素材。鼓励学生多角度、多层面地探究问题的各种可能解决途径和办法。引导他们打破常规和思维定势而另辟蹊径，敢想别人之未想，做别人之未做。

（2）鼓励质疑问难

爱因斯坦有句名言："提出一个问题往往比解决一个问题更重要。"巴甫洛夫说得好："怀疑，是发现的前导，是探究的动力，是创新的前提。"善于发现问题和提出问题是一个人具有创造潜力的重要标志。我们在教学中应有意识地增加质疑问难这一环节。

培养学生勇于发现问题的思维习惯，把学生的思维从狭窄封闭的状态里解放出来。遇到问题时要让学生多问几个为什么，并有意识地去发展和培养这种良好的思维习惯。教学中不仅要让学生"学会答"。而且也要"学会问"。学生提出的问题不论多么肤浅，都不要冷面相待，要防止从语言或行为上挫伤学生质疑问题的积极性，而应当及时给予表扬，引导并鼓励学生把自己内心世界的真实想法，包括想不通、吃不透、弄不懂、解不开的问题说出来，以保护学生探求真理。勇于创新的积极性。

加强学生创新思维的训练

（1）变换叙述方式

概念是一类事物本质属性的概括反映。形成概念的过程也往往就是培养学生创新思维能力的过程。教学中不仅要求掌握理解概念，而且还要灵活地运用概念。在学生初步掌握了某一概念后，教师要引导他们在不改变原意的情况下，从不同的角度来理解概念，变换概念的叙述方式或表达形式，培养学生思维的发散性。

（2）一题多解

对于同一类题目，由于思考的角度、方法或理解的方式不同，就会产生多种解法。采用一题多解的方式进行教学，可以拓展学生的思路，开发学生的智力，发展学生的思维，有利于激发学生创造思维的发挥。但应当注意的是，教师在列举学生多种解题思路之后，要进行讲评，教会学生学会选择哪些具有简便、独特、新颖特点的解题方法。

5. 学生的想象力培养

所谓想象，就是由人类储存在记忆中的表象出发，把这些表象以不同的方式组合起来，形成新的形象或结构的一种思维方式。马克思在《〈政治经济学批判〉导言》中称想象力是"对人类贡献极大的伟大才能"。它是"人类的高级属性"，因为人能够依据别人口头或文字的描述在头脑中产生没有感知过的事物的形象，这就构成了想象这种人类特有的心理活动。

语文教学中，借助想象能使学生理解和掌握自己未曾感知过或根本无法直接感知的事物，同时依靠想象力可以更好地理解课文，想象越丰富，理解得也就越深刻，记忆也就越清晰。想象可以直接激发并转化为个体的创新思维。正如爱因斯坦所指出的："想象力比知识更重要，因为知识是有限的，而想象力概括着世界上的一切。推动着进步，而且是知识进化的源泉"。

营造良好和谐的教学氛围

良好的教学氛围能促进学生的创造力，有利于学生想象力的培养。

（1）建立融洽的师生情感

情感是想象力的动力，两者往往想伴而生。教学过程中始终贯穿学生的情感活动。学生的情感得以熏陶和培养常常需要教师的情感与教学内容的思想性相结合，并使这种结合的情感表达出来。因此，语文教学中，教师要善于用充满激情的语言打动学生，用富有感情的体态感染学生，用教材中的情感内容熏陶学生。

因此教师要冲满分认识情感在教学中的强烈激励作用，自觉投入和运用情感，并注重与学生情感的双向交流，使学生怀着积极的情感、乐观的情绪、良好的心境、饱满的热情投入到学习中去。这就会激发起学生的想象力。

（2）营造民主气氛

培养想象力一定要在民主和谐的气氛中进行，有了平等的对话才有想象力的喷涌。语文课要鼓励学生异想天开。"黄河之水从何而来"？如果回答"从巴彦喀拉山麓流出来"是地理课上的回答，"黄河之水天上来"更接近语文课的回答；"雪化了变成什么"？如果在自然课上当然回答"变成冰"，若答"变成春天"无疑违反常识，得零分，但在语文课上却应该得满分。

想象是由主体在自身的经验基础之上的形象重构，所以，不同的个体在重构的过程中发现与捕捉对象的敏感性绝不相同。湖南电视台的一档名为"快乐小精灵"节目，一次工作人员问幼儿园的一位小女孩摩托罗拉是什么，小女孩眨眨大眼睛，很自信的回答："在以前有一位王子叫摩托，有一位公主叫罗拉。他们俩谈恋爱，生下了一个孩子叫摩托罗拉。"这是这一位小女孩根据她的经验作出的生活化、个性化的回答。想象所重构的形象，总是被性格化了的。如果事先有个框框，设个套套，就不会有真正的想象活动，只会扼杀学生的想象力。

利用多媒体创造想象空间

直观教学是学生产生形象思维的源泉。形象思维带有强烈的感情色彩，教师运用多媒体特有的感染力和表现力，直观生动地对学生起到"一石激起千层浪"的心理"催化"效果。鲜艳的色彩、生动的画面、动听的音乐从多方面刺激了学生的感官，可以激发学生展开丰富的想象。在教学中要充分发挥多媒体教学手段，鼓励学生大胆想象。

例如《小小的船》一课，在学习"只看到闪闪的星星蓝蓝的天"一句时，教师设计制作电脑软件：一个小女孩看电脑演示，一边启发想象"在浩瀚的宇宙中遨游，除了能看到星星和蓝天之外，还能看到什么？"学生展开了热烈的讨论，依据学生的发言，教师在屏幕上依次出示了小女孩与小卫星、航天飞机、外星人、美丽的嫦娥相遇的景象。另外，学生还说了许多教师没有想到的，像宇宙英雄、各种怪兽等，再配以动听的音乐，为学生创造了良好的发挥想象力的氛围，使他们大胆地谱写了一支宇宙畅想曲。

构造言语形象增强想象力

作为一种心理现象，言语中记录着外部世界的表象，并指称一定事物或发现事物间的关系，这是它的基本职能之一。学习和掌握言语，让词语同具体事物或事物的表象建立联系，就能够唤起和组织人的表象活动，构成一系列鲜明生动的形象，从而对形成稳固而丰富的内心生活起着重大作用。

这种以形象思维为基础的想象力，在言语中保证了语言符号所唤起的形象的鲜明性、生动性、创造性，使人能理解情境，并为进一步的审美体验打下基础。为了激活想象，在语文教学中要把语言学习同想象思维结合起来，通过深入细致的、真切生动的感受，多姿多彩的想象再现言语揭示的形象。

创设情境培养学生想象力

转变学习方式，要以培养学生的想象力为目的，注重培养学生对书本质疑和对教师超越，赞赏学生积极的和富有个性的理解和表达。语文教学中尽力营造适宜于情生发的"境"。《最后一课》中小弗朗士学得特别动情正是有赖于那种环境，有了这种"境"，学生听说读写活动的想象就有了"土壤"。

激发学生的创造性想象

没有丰富的想象力，就不可能进行发明创造。创造性想象是人们发现问题和解决问题时必不可少的。在语文教学中培养学生的创造性想象。

（1）重视教学的直观性

不论是再造想象，还是创造想象，都与一定的感性经验有关。因此教学中应充分利用插图、模型为学生展开想象的翅膀提供具体和良好的客观条件，同时，教师还可以利用体态语言和清晰、生动的语言描述，给学生具体的形象，从而激发学生创造性想象。

（2）丰富学生的记忆表象

想象的表象是在记忆表象的基础上加以改造产生的。记忆表象越丰富多彩，想象力就越宽广奔放；若记忆表象贫乏，感性形象太少，则想象也难以丰富。

（3）拓宽想象空间

例如《狼和小羊》一课的结尾句"说着就往小羊身上扑去"，教师激发学生想象力，提示学生："狼向小羊扑去的时候，小羊会怎样想"？学生想象思路活跃起来，描绘出各种不同的情形。有的说："快往河里跳，或许还有救"；有的则从其他角度想："小羊心生一计，哈哈大笑：'你看那边，我家主人来了'，狼一下子慌了，连看也来不及看就拔腿逃跑了"。这个学生的想象既合理又有创造性。

（4）依文作画，恰当想象

阅读课文，不同的学生会有不同的理解，通过画笔表达出来，把文字变成图画，是进行动手实践、创造想象的有效途径。《山居秋暝》这首诗，教材中只选了四句，描写了寂静的山林、清新的空气以及明月、松林、清泉、溪石等景物。教师在教学时让学生根据自己的理解用画笔画出优美的图画，然后在全班同学面前展示，丰富的色彩、美丽的画面、精彩的解说深深地吸引了同学们。学生动脑动手的活动大大充实了教学内容，充分体现了学生的个性，整个教学活动情趣盎然。

（5）展示才艺，真情表演

表演是一种综合性的思考能力的体现，融入了学生的情感，是一种创造性的表达。学习课文时，教师没有进行过多分析讲解，而是组织学生当场排练课本剧让学生亲自扮演角色，用语言和形体动作表达自己的理解。学生的表演不是简单的重复课文，而是要加进自己的想象，学生们展开了想象的翅膀在想象的空间里自由的飞翔。各个角色都开动脑筋，加以配合，才能使剧情完整、充实，学生的创造力得到了充分的发挥。

总之，想象力是学生思维活动的一项很重要内容，想象力培养不仅对学生学习语文有一定的意义，对于培养学生独立思考问题的能力，提高学生的创造力和预见性也有一定意义。想象力就好像是船上的风帆，教师的责任就是鼓起学生想象的风帆，让他们在知识的海洋乘风破浪，扬帆起航。

6. 利用数学发展学生智力

苏霍姆林斯基说过：学生来到学校里，不仅仅是为了取得一份知识的行囊，更主要的是为了变得更"聪明"，而这个"聪明"，从某种角度来说就是指学生的智力素质。智力素质是学生整体素质中最重要的素质之一，是人们在认识过程中形成的比较稳定的、能确保认识活动有效进行和发展人脑聪明智慧功能的心理特征的综合。

它主要是由注意力、观察力、记忆力、想象力、思维力这五个基本因素有机结合而成的。为适应现代科学发展的需要，必须发展学生的智力，培养学生独立获得知识的能力。

教学对人的智力具有开发功能。小学数学复习是全套教材的一个重要组成部分，它按照知识间的联系加以编排，并且给出复习要点，使所学的基础知识和基本技能比较完整和系统化，我们将如何发展学生的智力素质。

* 充分利用已有知识

把无意识记同有意识记结合起来，把机械识记与意义识记结合起来，把再认和再现结合起来，发展学生的记忆力。

数学复习是对旧知识的巩固，是对知识的条理化、系统化。对每一个知识点的复习，我都充分利用了学生已有的知识，让学生回忆、再现。同时，又对记忆不牢的知识当堂强记，课后补记。在复习阶段，对意义、公式、定理，不可能再像新课那样用直观的教具演示或一步步的推算。但我在让学生回忆复述时，仍让他们说出其得来的经过，把现在的有意识记和原来的无意识记结合起来。如圆锥体积，$V = \frac{1}{3}sh$，学生一谈起这个公式，就能回忆起我作演示的情景：如何比较大小、高低，如何装沙子，装了几次才正好装满。这样，学生的表像就能长久地留在脑海里，学生的记忆力也得到了锻炼。

重视教材阅读

有人认为，数学课可以让学生少看书，甚至不看书，这种做法是不好的。我认为，教材上的很多知识，在复习阶段，学生是能够看得懂的，是能理解的。我们要教给学生阅读的方法，使他们能自行阅读，自行检查，这样才能提高他们的自学能力和智力水平。

发展学生观察力

数学复习是将原有的知识系统化，同类知识之间是相互联系而又相互区别的，有的还是可以相互转化的。因此，反复让学生观察，使其得出结论，是训练学生观察力的一个有效途径。如整数、小数、分数。共同点：都是数，都是表示物体的数量。不同点：表示的数量不同，整数是表示物体的个数；分数、小数是表示把单位"1"平均分成若干份以后表示几份的数；整数与小数、分数又是可以互相转化的。如：3 分米 = 0。3 米 = 米。

又如：梯形、三角形、平行四边形、长方形、正方形的面积公式，它们之间也是有联系的。我告诉学生，只要记住了梯形的面积公式 s = （a＋b）h÷2，其它的面积公式都可以看成是它的特殊形式，由它推出。如当 b＝0，即是三角形，s = （a＋0）h÷2 = ah；当 a＝b，即是长方形或平行四边形，s = （a＋a）h÷2 = ah；当 a＝h 即变为正方形，s = a。

发展学生注意力

上复习课，学生的注意力最容易分散。成绩好的学生认为自己已经懂得，无须再听；成绩差的，反正听不懂，也不想听。因此，教师要随时观察学生的精神状态，正确遵循有意注意和无意注意的规律，及时引导学生集中注意力。在教学中，我经常运用课前口算、课堂提问、课间练习等唤起学生的无意注意；并准备一些学生感兴趣的问题，如判断、选择、一题多解、思考题等，激发学生的学习兴趣；在总结定义、定理、公式等重要结论的时候，我就充分运用语音的抑扬顿挫及身体语言，使学生有意识地集中注意力，记住重点。

培养学生想象力

数学属于抽象思维的学科，但也不能完全排除形象思维。学生要在形象思维的基础上，建立起抽象思维的概念，有一个艰难的过程。如字母代替数，学生往往不理解，老是问 x 是几？因此，在复习过程中，我就通过反复的举例，反复的计算，来让学生建立概念。

又如，立体图形的认识，是学习的一个难点。学生往往建立不起立体图形的概念，不明白棱、顶点、面、体的位置，往往混淆了表面积与体积，混淆了有盖和无盖。此时，我先让学生静静地回忆实物的形状，在脑海中数棱、数面、数顶点，然后又一次地拿实物给学生观察，与头脑中的表象进行对照。如此反复多次之后，学生的头脑中就可能牢固地建立起了立体图形的表象，并能通过这个表象得出结论。

利用"智力背景"

"智力背景"是指学生原有的智力积累和生活经验。学生学了将近六年，都有不同程度的智力积累。在复习中，要尽量了解学生原有的智力层次，分层次地进行诱导。对好中差不同类型的学生，要因材施教，区别对待。特别是对优生，要加大广度，加深难度。同时，要大量地以生活实践为内容，充分尊重学生，培养学生的学习兴趣。

发展学生思维力

思维力是智力的核心，它包括分析、综合、抽象概括、判断推理、创造力等。小学数学复习阶段，是发展思维力的一个好时机。在教学中，我充分地利用了公式运用，数量关系，题型变换等启发学生思考，锻炼学生的思维。如简便运算，面对运算定律，如何选择，如何变形，才能使计算最为简便，这就需要学生进行复杂的思维活动。又如，思考题的解答，不管是计算题，还是应用题，都需要充分运用已学知识，进行认真地思考。还有，应用题的补充条件，补充问题，变换条件，变换问题等，都能让学生产生浓厚的兴趣，激发起他们探求真理的强烈愿望。

当然，在发展智力的同时，也要注意非智力因素的培养。培养学生的非智力因素，主要是指情感、意志和个性。具有同样的智力水平，而有的成材，有的不成材，这就是由于非智力因素的不同造成的。因此在发展学生智力的同时，还必须培养学生的非智力因素，使之成为智力因素的强大推动力。

培养学生智力素质，贯穿于整个教育过程，不是单靠某一个阶段就能完成的。我们要由应试教育向素质教育转轨，就必须时时注意培养学生的各项素质，使学生全面地、和谐地发展，成为"有理想、有道德、有文化、有纪律"的德、智、体、美等全面发展的社会主义事业建设者和接班人。"

7. 利用语文发展学生智力

中学语文教学如何在传授知识、培养能力、发展智力相结合原则的指导下，大力发展学生的智力，我们从以下几个方面加以说明。

激发兴趣是发展智力的前提

兴趣是推动学生学习的直接动力，是发展智力的前提。学生对学习产生兴趣，才有可能把注意力集中在学习上，细致地观察，深入地思考，深刻地记忆。对此，古代教育家早有论述。孔子说："知之者不如好之者，好之者不如乐之者。"激发和培养学生的学习兴趣，是语文教学发展学生智力的主要前提。

激发学生学习语文兴趣的方法

第一，必须善于引导学生理解学习语文的意义，而这个意义并不只是限于爱好语文，应该提高到语文对学好其他学科、对将来从事四化建设的重要作用上去认识。

第二，必须有师生之间的情感交流，使课堂气氛趋于活跃。教者动情，学者动容，师生感情融洽，学生把学习看作是一件乐事。

第三，必须把教学组织得始终有一定的难度。学生往往对力所能及、又要开动脑筋、克服困难的问题愿意自己去想一想或做一做，一旦当他们想对或做对的时候，就会体验到一种克服困难的乐趣，这种乐趣反过来又会激发他学习的要求。

第四，必须使学生不断地感到学有所得，日有所进，获得自我感奋的力量。对优等生和差生都要创造条件使他们在原有的基础上提高一步，从而获得好成绩，赢得荣誉。这样学生就会产生一种内在的积极的感奋力量，热爱语文学习。

第五，必须把教学的科学性和艺术性结合起来，善于创造"愤悱"的意境，让学生听得有趣、有味，感到新奇，产生解决疑难问题的愿望，从而始终保持旺盛的求知欲，在知识的宝山中不断进取。

扩大知识面是发展智力的基础

知识是智力发展的基础，无知必然无能。我们强调发展学生的智力，决不意味着可以放松基础知识的学习。相反，在语文教学中，该背的要背，该记的要记，该理解的一定要理解。这些必要的记、背、理解，同发展智力并不矛盾，而是互相联系、相辅相成的。毫无疑问，日益增多的知识积累，必然给学生的智力发展以积极影响。有人说，教学中重要的不在教知识，而在教给学生"点石成金的手指头"，这是从强调发展智力重要性角度说的，千万不可理解为知识教学不重要，造成新的片面性。

学习语文知识，主要通过语文教材来进行，但光靠固定教材有时还不能满足需要，必须作些补充。这样才能不把学生限制在一个狭小的天地里，学生有了比较广泛的知识材料，智力才能得到充分发展。

语文教学扩大学生知识面的做法，大致有两种：一种是改革课堂教学的结构，把过去认为是课外的内容引入课堂。例如有的学校增设文艺讲座，把报刊、杂志上的文艺作品或电影、电视剧当作教材，给学生讲解或组织学生讨论；有的学校安排了自读课，在教师指导下，学生可以进入阅览室，阅读自己乐意阅读的书刊；另一种是抓好课外阅读和课外语文活动，见多才能识广。学生的知识丰富一些，智力的发展才有广阔的背景。

培养思维能力是发展智力的核心

思维能力是人的认识能力的核心。思维是学生掌握知识的主要的心理过程。所以，思维能力的发展是学生智力发展的核心，也是智力发展的重要标志。

如何培养学生的思维能力

（1）创设发现问题的情境，启发学生的思维

问题是思维活动的动力和起点。学生的学习实质上是一个不断发现问题和解决问题的过程。教学中如能提出饶有趣味、难易适当、富有启发性的问题，学生就会积极开动脑筋去阅读、思考、想象、回忆与这个问题有关的知识，进行分析综合，然后得出一个正确的结论，

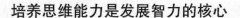

思维以矛盾为绪而展开，知识随问题解决而递增，而且在这个过程中也发展了学生的智力。如果不是这样，教师喜欢"奉送真理"，课堂里学生经常无问题可思，默默聆受，思维处在被动压抑状态，只能死记现成的结论，知其一不知其二，知其然不知其所以然，这不但会妨碍知识的理解与掌握，也势必要影响智力的培养和发展。

启发学生思维积极性的做法主要有：设疑启迪，即教师提出问题让学生思考；质疑问难，即学生提出自己学习中的疑难问题，师生一起分析解决。我们要根据课文特点，针对学生年龄特征、心理因素和语文程度的实际，抓住关键性问题，以促使学生积极思维。

（2）根据学生的特点，培养良好的思维品质

思维品质是学生思维能力的主要标志。优良的思维品质是在实践中逐步培养起来的；思维的某些缺点和弱点是可以经过锻炼得到克服和改善的。在语文教学中，应当了解学生思维品质的某些萌芽状态的表现，根据学生的不同特点，努力培养学生良好的思维品质。

优良的思维品质包括思维的广阔性、深刻性、独立性、批判性、逻辑性、灵活性、敏捷性等。

思维的广阔性，是指能全面看问题，善于着眼于事物之间多方面的联系，从多方面提出问题的本质。

思维的深刻性，是指善于钻研问题，善于从纷繁复杂的表面现象中，发现最本质、最核心的问题。

思维的独立性，表现在善于探究，自己寻找答案，并有独立见解。

思维的批判性，表现在根据客观事实和情况，冷静地考虑问题，而不至于在受到偶然的暗示或影响时，就动摇起来，并能分辨是非，勇于独立判断，敢于坚持科学的结论。

思维的逻辑性，表现为思考问题时注重它的逻辑性和连贯性，提出的问题明确，推理合乎逻辑，论证条理清楚，有理有据。

思维的灵活性，是指善于打破陈规，按不同的时间、地点和条件，不断地调整思维的方法，灵活运用一般的原则和原理。

思维的敏捷性，是指能比较快的看出问题的本质，抓住问题的关键，从而迅速地作出正确的判断和决定。思维的这些品质，是互相联系，甚至是互为因果的，而且这些思维品质也是和其他心理过程和心理特征相联系的。这些思维品质表现在学生身上，千差万别，强弱不一。

（3）联系教学实际，教给学生思维的方法

前人云："授人从鱼，只供一饭之需；教人以渔，则终身受用。"所以在语文教学中，我们不但要教给学生思考什么，还要教给他们怎样思考。学生掌握了思维的方法，就可以自己去获取知识了。教给学生思维的方法，要做两个方面的工作。

一是教会学生掌握分析和综合、比较和归类、抽象和概括、系统化和具体化、归纳和演绎等思维的方法。

二是帮助学生克服思维定势的消极作用，广开思路。思维定势是指人们按一种固定的思路去考虑问题，表现出人们思维的一种准备状态，它有积极的一面，也有消极的一面。其消极的一面是，往往使人们的思维活动带上框框，表现出思维的惰性和呆板性，妨碍思维灵活性的培养，不利于智力的发展。

在社会生活中，思维定势现象人人都有，在语文教学中也屡见不鲜，如写起文章来，习惯于老一套的开头与结尾，描写人物千人一面，语言使用中的"学生腔"等。只有既教给学生思维方法，又让他们防止思维定势的消极影响，才能广开学生思路，培养思维的灵活性。

（4）结合语言训练培养学生的思维能力

思维能力是语言能力的基础，同时，语言活动又促进着思维能力的发展。语言和思维是紧密联系在一起的。因此，要培养学生的思维

25

能力，就不能不提高学生的语言活动能力；而提高了学生的语言活动能力，他们的思维能力也就相应地提高了。语文教学只要掌握了语言和思维之间互相促进的内在关系，思维训练的任务就不会成为额外的负担。

所以，我们在阅读教学、作文教学、听话教学、说话教学中，都要在讲授知识、训练能力的过程中，有目的有意识地去促进学生思维能力的发展。

（5）重视培养学生的创造性思维

创造性思维主要是指能发现一般人不易发现的问题，运用已有知识和经验来剖析目前所需要解决的新问题的能力，以及在思考解决这些问题的时候所产生的创造性设想的能力。在语文的学习中，我们一方面要让学生能够领会基础知识，掌握基本技能，解决实际问题；另一方面又要重视培养学生的创造性思维能力。为此：

要为创造性思维的形成准备条件，让学生通过课内与课外，尽可能多的涉猎书籍，丰富生活，使他们具有较为扎实的知识底子和较强的观察力、分析力与想象力等。

要鼓励学生打破精神束缚，既要信服真理，捍卫真理，又不要盲目迷信，畏首畏尾，对书本所载、名人所说、教师所讲的不正确不完全的地方要敢于提出异议。

要相机引发，给学生以自己创造的时间、条件与机会。教学中采用启发式，不搞满堂灌；要激疑质疑，提高学生思维的强度，要尽量启发学生自己去寻求答案，不满足于教给现成知识。

要着意保护学生的创造精神，对的要肯定、要表扬，错的不指责，要善意加以引导。

加强训练是发展智力的基本途径

加强训练是发展智力的基本途径。道理很简单：知识只有通过训练才能落实并转化为能力，智力也只有通过训练才得以发展。训练不等于多做习题，做习题只是形式多样的训练的一种方式。训练必须注意科学性，要着重训练学生的思维，尽量避免不动脑筋的机械训练。训练要讲求实效，少了达不到巩固知识、转化能力、发展智力的目的，太多太滥，把学生淹没在"题海"之中，其结果是扼杀学生学习的主动性；训练必须有计划，要按年级、按阶段、按单元以至按课文列出具体要求；训练还要严格，要明确规格要求，一丝不苟，扎扎实实地训练。

8. 利用英语开发学生智力

当前，在小学教学范围内，发展智力和培养能力，一般是指观察力、注意力、记忆力、思维能力、想象能力等基本能力，以及独立思考问题能力和自觉能力等。那么，如何在英语教学中发展学生的智力，培养学生的能力呢？根据智力的结构，可以分为五个问题。

观察力的培养

观察是一种有意识、有计划、持久的知觉活动，是知觉的高级形态。在语言学习中，观察是学生认识语言现象增加知识的重要途径。培养学生的观察力，要培养学生观察的兴趣，要由浅入深，要善于提出明确的目的任务，善于引导学生从不明显的现象中看出事物的异同及其本质。

例如：在小学英语第二册中学习动词第三人称单数如 does 这条规则时，教师不先把规则告诉学生，而是把若干个可以显示这一规则的例句写在黑板上，让学生观察。如：I like apples. You like apples. He likes apples. She likes apples. Any likes apple. My brothers like apples. 教师问学生：你们看，在这些句子里，为什么 like 的后面有的加了

"s"，有的又没有加呢？刚开始学英语的学生充满了好奇心，经老师这么一问，大家的兴趣被激发起来了，都争着尽最大努力来看破其中的奥妙。学生的回答并不一致，最后在老师的引导下，由学生自己在不断观察、分析和比较中，把这条规则正确地归纳出来。

注意力的培养

所谓注意是人的心理活动对一定对象的指向和集中。良好的注意力能使学生集中自己的心理活动，提高观察、记忆、想象和思维的效率。注意分为有意注意和无意注意。课堂上，教师要有意培养学生注意听讲，注意听同学回答问题的习惯，还要恰当地设置疑问唤起学生的无意注意，再依靠无意注意引起和培养学生的有意注意。如在刚接触感叹句时，教师可以利用实物这一直观教具诱导学生求知的欲望，激发他们学习的热情，从而集中学生的注意力。

教师拎着大包，问学生："Look！There is a big bag, What's in it ?"有人猜计算机，有人猜录音机，有的学生猜中说："It's a dictionary."教师就一面夸他一面打开包裹说："Look！What a big dictionary it is！How big it is！"由于那是本特大的字典，加上教师夸张的语调及手势的配合，学生猜出了大概意思。接着教师向一名学生借了一本袖珍字典，放在一旁，学生们大笑起来，情不自禁地跟着教师说：How small it is！What a small dictionary！由于教师采用了丰富多彩的方式，高度集中了学生的注意力，课堂气氛热烈，学生在情景交融之中，基本掌握了感叹句的表达方式。

记忆力的培养

记忆就是人脑对经历过的事物的反映，记忆能力是发展智力的基础，小学生掌握听、说、读、定、语言交际能力都需要借助记忆能力。要培养学生的记忆力，就得设法增强大脑对事情识记痕迹的保持和再现机能的提高，凡是有利于帮助大脑皮层的暂时联系的建立，强化和巩固的方法，都是可取的。训练记忆力的方法很多，如趣味记忆法，还有提纲网络记忆法，教师还可以调动学生的无意识记，如做英语课堂游戏、唱歌、背小诗等。

思维能力的培养

教师在教学中应重视学生英语思维能力的培养，运用多种形式强化思维训练，启发学生的逻辑思维，把思考和学习结合起来，促进学生实际能力的获得。

创设英语环境，是促进学生用英语思维的外部条件。课堂上的英语气氛可以激发学生直接用英语思维的动机和兴趣。因此，教师在教学中应坚持用英语组织教学，适当地穿插少许汉语，使学生养成良好的英语思维习惯。

想象力的培养

无论学习哪一门学科，学生对知识的理解和科学概括的形式，都要借助于想象。

在英语教学里，看图说话，回答问题，对课文里的人物、行动多问几个为什么，如此之类的问题，不仅有助于学生学习语言，也有助于发展学生的想象力。根据课文内容，加以引申和进一步发挥是英语教学中训练想象力的一种方法。

例如，小学英语第三册 We're going to go to Hainan. 这一课中，当 Sam 发现游泳衣是小勇的时候，教师可要求学生用学过的词句，发挥自己的想象力说说 Sam 把游泳衣还给小勇的情景。

9. 利用物理发展学生多元智力

高中物理难学、高中物理难教几乎成了教育界公认的事实。为使物理教学情景化、人文化，这门以实验为基础的自然科学必然要采用不同于其它学科的教学策略。美国哈佛大学加德纳教授提出的多元智力理论为寻找到这个策略提供了导向。在学习物理中，学生需要发展和培养多种智力，而不仅仅是传统观念中的语言智力和数学逻辑智力。

在课堂教学中，如何发展学生的多元智力，同时又能体现物理教学的特色，是我们物理教学工作者必须面对和解决的问题。

基于物理学科与教学过程的特点，本人借鉴多元智力理论，着重从优化课堂教学、发展学生的视觉空间智力、身体运动智力、数理逻辑智力、自然观察者智力的角度对教学工作提出了一些教学策略。那么，高中物理教学如何培养学生多元智力呢？

教学中视觉空间智力的培养策略

视觉空间智力在物理课堂上主要表现为观察能力。物理课上，无论是教师的演示实验还是学生的分组实验，都要注意培养学生的观察能力，使学生掌握科学的观察方法，通过开发学生的空间智力，来提高物理教学质量。

（1）教师要多给学生提供实验的机会

增加演示实验或变演示实验为学生分组实验，布置可行的家庭小实验学校可以开放实验室让学生在教师指导下完成自己感兴趣的课外实验，实验中要求学生手做、眼看、耳听、脑想，培养正确有序的科学观察方法，总结观察事物的规律，增强学生学习兴趣，丰富想象力。

（2）利用绘制示意图开发视觉空间智力

要求学生多用图示展示物理过程，高中学生在力学解题中应该画规范的物体受力图、运动过程分析图以加强训练，光学中画规范的光路图、电学中的规范电路图、螺线管绕线图和磁场、电场分布图等。

（3）利用课堂内容培养空间感受能力

高中物理"磁场"和"电磁感应"章节中涉及的"左手定则"和"右手定则"都是以"上"、"下"、"里"、"外"、"左"、"右"等空间概念为基础的。

教学中数理逻辑智力的培养策略

数理逻辑智力是物理学核心智力，多数物理学习存在困难的学生都是因为此项能力较弱所致。教师在物理课堂的教学中应主动创造优良的学习环境。

（1）逻辑性强的知识点讲解时放慢速度

为了促进学生的思维加工和知识内化过程，在做逻辑性强的知识点讲解时要放慢速度。鼓励学生在学习中去"悟"，时时判断自己的想法或观点的依据。物理学是以教学为工具的。严密的教学使物理思维也具有严密性。

（2）逻辑性强的知识点提问时要注意策略

逻辑性强的高水平的提问要注意启发和等待的时间。一般而言，教师在提问之后的等待时间不足三秒钟，这等于要求学生几乎达到一种自动化的熟练程度，这种要求过高了。事实上，提问的等待时间如果能延长到十秒或更长，学生的回答必然有所改进，学生的思维品质也能得到相应的改。

教学中自然观察者智力的培养策略

自然观察者智力非常重视观察力的培养，物理实验中尤其要注意学生观察能力的培养，使学生掌握科学的观察方法。

（1）培养良好的观察习惯

实验中的细微差别，往往蕴藏着科学的奥秘，放弃或忽略任何一个现象都会导致失败。因此观察不仅要有实事求是的科学态度，还要有一丝不苟的认真精神，才能形成良好的观察习惯。

（2）培养正确有序的观察方法

要发展自然观察者智力的思维，教师可以借助多媒体视频或计算机软件向学生展示精美的图片、生动的视频影音资料。另外实验教学中教师应尽可能地创造实验机会让学生实验,利用多媒体手段放一些微小的实验。布置可行性的家庭小实验,成立课外实验小组,增补些与教学内容有关的实验,对学生开放实验室等,都能增加学生动手实验和观察的机会。

教学中身体运动智力的培养策略

物理实验课是培养学生身体运动智力的良好时机。实验课的特点之一就是让学生动手操作,许多实验的操作,要求学生要有灵巧、准确、协调的动作,需要眼、脑、手甚至是全身的协调动作。这些实践过程对培养学生的肢体运作智力十分有益。这期间,教师要加强巡视和指导,要尽量照顾各个小组,及时纠正一些错的操作。同时,我们应从最基本的实验操作入手,切实加强物理基本实验的操作训练。在教学中,我们应以结合课本安排的学生实验,有计划、按步骤地训练和规范学生的基本操作,要求学生掌握常用仪器的用途和操作方法。

包括物理课程在内的基础教育改革的根本问题是改革的指导思想问题,或者说教育观念的更新才是教育改革的本质问题之所在。加德纳的多元智力理论对于我们进一步澄清教育改革的指导思想,树立新的教育观念包括学生观、教育观和评价观提供了一条新的思路。

10. 利用历史培养学生记忆力

"为了中华民族的复兴,为了每位学生的发展"是新课程改革的根本目的所在。许多年来,学生在老师的眼里成了学习的机器,是考试的工具,是驯服的羔羊,是需要加工的产品,却忽略了学生是活力四射、各具个性而又不断成长的生命体,忽略了学生的精神需求和心理需求。因此,在历史教学中,培养学生的记忆能力是提高历史教学水平,提高历史教学质量的重要条件。

要提高记忆力，就要想方设法增强大脑对事物识记痕迹的保存，因为记忆力的产生是由于客观事物对人的感官的作用，传入大脑引起大脑皮层兴奋的活动，形成一定的暂时神经联系，这种联系在大脑皮层上保存下来便产生了记忆。下面浅谈一些提高历史记忆力的方法。

激发学生学习兴趣

孔子说，"知之者不如好之者，好之者不如乐者"，道出了兴趣在成功的做好一件事的过程中的重要性，兴趣所在，乐趣所在，快乐没有人不喜欢。

（1）开端引趣，激发欲望

在课堂教学中，激发学生学习兴趣的方法很多，开端引趣就是其中的一种。例如上第一节课说："同学们，你们班上是学校的重点班，但历史科是弱科，学校特委派我来支持你们，搞好历史教学，成为全校名副其实的重点班。"此时掌声雷动，然后引出导入语："前面我们学了中国历史，中华民族上下五千年的文明史，虽然从 1840 年至于 1949 年的中国近代史是屈辱的历史，但却是中国人民奋斗的历程，中国是世界上唯一没有中断历史的国家，我们怎不为之自豪？为之骄傲？现在请同学们打开《世界历史》，看看有哪一个国家能如我国这样，有这样辉煌的历史呢？"一场好的开场白，立即激起同学们的求知欲望。

（2）发掘魅力，引发兴趣

布鲁纳曾说过，学习的最好刺激乃是对所学材料的兴趣。从本质上讲，学生的学习兴趣是蕴含在知识本身之中的，我们当教师的不要以考试刺激学生，而要挖掘材料的魅力，用教学内容去激发学生的积极性。实践证明：知识本身的魅力，比分数和考试的刺激更吸引人，是推动学生努力学习更持久，更深刻的动力。

挖掘教学内容中的成语故事，有时老师讲，有时学生讲，如"四面楚歌"、"卧薪尝胆"、"草木皆兵"、"破釜沉舟"等，讲得娓娓动听，使历史课颇有吸引力。

实践证明，我们用知识激发学生，是使学生学有兴趣，保持记忆长久的前提条件。

（3）从基础知识的实用方面入手

学生学习历史，从某种意义上讲是为了考试，我们不能回避这个问题。在历史教学中遇到一些重点课，在导入新课时，就强调这一章节的重要性。

在讲俄国、日本的历史转折点一课时，作这样的交待，英法美是通过革命走上资本主义发展道路，俄国、日本走上资本主义发展道路是通过什么方式的？改革。俄国 1861 年改革，在什么历史条件下出现？有哪些内容？日本明治维新在什么条件下进行的，有哪些内容，影响如何？这种方法开宗明义，使学生一开始就了解到学习这一节应该掌握哪些知识，同哪些章节有联系。学生认为所学的知识重要，注意力就集中，讲述课文时，学生的兴趣就提高了，记忆水平也能相继提高。

运用电化教学提高记忆

曾有心理学家做过一个实验，认为各种感官，配合思维都具有吸收知识的功能，其中视听并用的学习效率最高。所以，老师在讲授具有过去性、具体性特点的历史课时，必须运用多种手段来"再现"历史，最大限度地让学生掌握距离他们极其遥远而难以记忆的历史知识。

电化手段在这方面具有相当的优势。它通过剪辑了的电视电影画面、动态电脑及老师精心配制的旁白、解说词，把本不能再现的历史现象"真实地""或近似地"展现在学生面前，它通过声、光、形、色多种信息作用于学生，在学生大脑皮层留下很多历史现象的痕迹，从而加深了学生对所学历史知识的印象，促进了学生对所学历史知识的保持，提高了学生记忆历史知识的质量。

提高记忆力的几种方法

（1）时间、地点、事件是历史基础知识的关键

中学历史课本共六册，一千多页，所要记的，浩如烟海，如果靠死记硬背，就很难记准记牢。在教学中，把每章每节的重点、非重点内容都向学生交待清楚，这叫主次记忆法；把每节的内容编成提纲，叫提纲记忆法。如把中国近代史的内容编成：一次没有成功的变法（戊戌变法），两大阶级的产生（无产阶级和资产阶级），三次革命高潮（太平天国革命，义和团运动，辛亥革命），五次侵华战争。把一些重要的难记的历史知识编成歌诀，叫口诀记忆法。总之，力争做到记忆方法的灵活性、技巧性，以提高记忆效果。

（2）利用简单图示指导学生加以记忆

利用图示，可以化繁为简、连横合纵，有利于提高空间记忆的能力。简图绘制速度快，直观性强。绘完后，老师略加演示，学生便可记住，战国七雄：齐楚秦燕东南西北，中间赵魏韩上中下。寥寥数言把方位交待得清清楚楚，学生识记起来也得心应手，而且不易混淆。

综上所述，教师在向学生传授知识的同时，必须重视对学生智能的培养，而记忆力是学生学习中一种至关重要的能力，它是后天的努力而不断发展的。只有当学生既具有较为丰富的知识，又具备一定的能力时，才能真正成为所需要的人才。因此，对学生记忆力的培养也是时代和社会赋予老师的一项重大任务。

11. 利用美术培养学生观察力

美术教育是教育整体中的一个环节，其重要性正在为人们日益深刻认识。尤其是在培养、发展学生的观察力方面，更是具有不可替代

的独特作用。发展培养学生的观察能力，确实应视为素质教育中相当重要的一个内容。

从广义上说，教学的各个方面都在不同的领域从不同的角度培养学生的观察能力。如语言学科要求学生通过观察生活从而获得语言表述的更好发展；数学学科则致力于数的关系来观察、分析事物等等。而美术学科则以一门视觉艺术的固有特点，最为直接和有力地发展着学生的观察能力。主要可以归纳为以下几个方面：

发展有意注意能力

年幼的儿童初次写生，往往还不会仔细的地发现，更谈不上专注地观察。如果让他写生一把椅子，也许他只是画他知道的概念中的椅子，而不是眼前的这一把椅子。这是由于儿童的有意注意能力尚未得到有效发展，通过一定量的写生训练，在教师的准确引导下，儿童的观察力会逐步变得有目标和专注，从而观察得比较仔细，因为不这样，他就完不成绘画的任务。所以早期的写生训练无疑能使儿童的有意注意能力得到充分的训练。在此时期可能需要教师选择恰当的写生题材和必要的辅导，帮助学生获得最初的成功经验。

有意注意能力其实是伴随着个体成长中的心理素质同步发育的。常有人夸奖喜欢画画的人"静心"，其实应该说是画画较好地发展学生的有意注意能力，从而也培养了专心至致的意志力，亦即人们所说的"静心"。即使进入中学阶段，美术训练仍能有效地发展学生的有意注意能力。

发展整体有序观察能力

从技术上讲，美术基础训练中的重头戏就是教学生学会"看"，并且是"整体地看"；即把外部世界作为一个有机联系的整体，所有的现象都是互为关联、互为参照的秩序关系，其大小、形状、方向、前后、色泽……都在视觉的互相比较中得到最终定位和确立。

我们在这种反复训练中逐步获得了全面的、有秩序的关照能力，它使我们所看到的每一个形象，都不仅是一个单独的形象，而且是一个处在和其它形象比较中的一个形象。我们的目光逐步从杂乱松散、浮光掠影的状态中上升到一个秩序井然、互为参照的有序状态。也许只要面对画纸，我们就会自觉地找寻一种协调，即整体的协调关系。即使当孩子们只画一把椅子，他也会注意到椅子背在整只椅子结构中的比例。

另外，孩子有孩子的整体观照方式。当一个孩子画出一个比例失当的大头娃娃时，这也应视作他通过观察从而对对象的结构特征及整体关系的把握，只不过在孩子的整体观照中，吸引他注意的也往往显得大一些。

发展由此及彼观察能力

观察力的进一步发展还体现在观察的深刻性和逻辑性。举例来说当儿童年幼时，他所画的杯子大多是上口圆圆的，而杯子底部则是平平的一根水平线，这种现象表明儿童的观察力更多地偏向于直觉。因为孩子的嘴接触杯子口部时能真切的感受到其圆形，而杯子放在桌面上很平稳，这就给他一种平直的水平线的感觉，再如看到前面的车轮，我们就能联想到后面的被遮挡的车轮，看到手腕上的骨点，我们能联想到内在的解剖结构。

这种能力一方面来自于生活经验，另外也更多的来自于解剖结构知识和逻辑推理能力。庖丁解牛，游刃有余，这是因为疱丁看牛，能目无全牛，也就是说在非常熟悉内在组织结构的情况下，观察力能达到洞察秋毫，表里如一的境界。

发展形象记忆能力

对于身边的世界，我们似乎很熟悉。但熟悉到什么程度，常常并不是很可靠的。譬如自行车，我们天天骑；手表，我们一天中要多次看它，但若让你凭记忆画出自行车和手表的形状，可能你会觉得你的自行车和手表一下子变得非常陌生和抽象，你对他们并没有真的很熟悉。有句话叫做"熟视无睹"，它很好地概括了我们平时观察中的浮光掠影和漫不经心。但绘画训练能大大加强我们的形象记忆能力和形象思维能力。

儿童多画速写，特别能增强形象记忆能力。因为绘画中的观察总是既整体概括又深入细致的，而且还伴随着对对象的理性分析。在绘画训练中有意识地安排一些默写练习，反过来一定能使学生在以后的观察中更加深入细致，也更具目的性。观察力和记忆力是相辅相成、共同促进的。

美术学科在发展学生的观察力方面还有许多可深入研究之处。同时也应该认识到，观察力的发展还和其他能力的发展有着密切的关系，不能静止、孤立地看问题。美术教育工作者除了应把握教育的一般规律及共性外，更应重视美术学科本身的特殊性，更好地发挥美术学科在素质教育中的作用。

12. 利用直观手段培养学生观察力

观察力是指人迅速、敏锐地发现事物细节和特征等方面的知觉能力。它是智力结构的重要组成部分，也是一切智力活动的基础。观察力是学生学习、生活中不可缺少的能力。现代教学注重培养学生的全面素质，促使学生学会学习、学会创造，因此教学活动中有意识地培养学生的观察能力，更具有其特殊的现实意义。

发展观察能力的主要手段是直观。英语教学的直观手段主要有两种类型：一是言语直观，二是实物、实物化（电化、多媒体、实物、图片等）直观。下面具体谈谈教学中利用直观手段，培养学生观察能力的几点做法。

言语直观要求教师从起点开始教学

言语直观要求从起点教学就循序渐进地用学生力所能及的英语，配以生动活泼的表情、手势等组织课堂教学。这不仅使学生增加观察、接触英语的机会，更主要的是能使教学过程在具有真实教学内容的情景中进行听、说、读、写言语交际活动。这是在初中阶段英语教学中设计的任何情景教学都为之大为逊色的真实的交际情景。教师的教态应庄重大方、亲切自然、教师的喜怒哀乐要与教材内容的思想感情一致。

如在教形容词的反义词时，教师弯腰费劲地拿起一个书包，说"heavy"，又轻松地提起另一个包脸上带着询问的表情，嘴巴做"light"形，学生会与教师一起说出"light"。教师指着一个高个学生说"tall"，又指着另一个较矮个的学生，让学生说"short"。学生答对了，教师高兴地竖起大拇指说"good"，学生马上反应说"bad"，教师带一副愕然的神情大声说"wrong"，学生马上说"right"，教师惊喜地说"no"，学生会争先恐后说"yes"。在这样具体生动的情景中借助观察力感知、吸收语言知识，能形成正确、鲜明、牢固的印象。

言语直观还可以通过同步录音来呈现。学生通过视觉（看书），听觉（听录音）感知音素、音节、词汇、话语、句子以及句子的升调、降调，逐步领会对话或文章所要表达的深层含义。

利用多种教学手段加强直观训练

我们知道识别一种物体，所用的方法不同，所需时间也不同。人的感观越接近实物的原状，接收信号所花的时间越少，信息传输的速度就越快，也就是说明这种表象易于被人接受。因此在教学中，出示实物或者图片、幻灯片引导学生进行观察思维，创设情景，以词代句，以词学句，可达到最佳效果。

例如 Book Ⅲ，Lesson 54 教师可用圣诞老人的图片或玩具，问：Who's this? What does he look like? What color does he often wear? 接着出示几幅图片，让学生边观察图片边回答问题：How does Father Christmas come? When does he come? What does he carry? Where does he land? How does he go into the room? Where do children put their stockings? What does Father Christmas do after he goes into the room? 以这种方式呈现新单词，讲解课文内容，既使学生对课文产生浓厚的兴趣，又锻炼了他们的观察能力。

在语法和句型训练的教学过程中，教师可采用图表或具有典型性、计划性的板书以及明显突出的彩色粉笔，引导学生进行分析、归纳语言知识点，来培养学生的观察能力和加速理解掌握语言知识点。

将言语直观和实物直观相结合

研究表明，从听觉获得的知识，可以记住 15%；从视觉获得知识，可以记住 25%；视听相结合，可以记住 65%。因此，教学中应充分利用和创设各种情景，善于运用手势和面部表情、录音、实物、图片等直观手段，使学生在浓厚的语言氛围中借助观察力感知和吸收语言知识，将英语和客观事物建立起直接联系，培养学生的观察力及运用英语思维的能力。在没有图片的情况下，可以利用简笔画。简笔画是教学中不可缺少的一部分，它易学易画易用，在每节课都能充分发挥作用。

将语言直观与实物直观相结合的最好方式是多媒体技术手段，它将声音、色彩、动画融合一体，运用到教学中，创设一种直观、形象、真实的语言环境。

例如 Book Ⅱ Lesson 75 是一篇关于天气预报（weather report）的文章，如果单纯地以看书、听录音的形式来上课，效果并不好。利用多媒体技术手段，设计一个类似中央电视台天气预报的课件。当说到 It will be cloudy at times. 画面出现多云的图案；In the northeast it will be fine. 中国东北部出现一个太阳一闪一闪；In the northwest, there will be snow. The snow will be very heavy in some places. 这时西北部地区飘着雪花，雪花多的地方还有一个雪人……以这样的方式进行教学，学生的注意力被吸引了，兴趣提高了，观察力加强了。

总之，观察力的培养应该贯穿于英语教学与活动的各个环节，让学生明确观察的目的与任务，尽可能地利用多种感官观察事物，以培养学生敏锐的观察力来点燃他们智慧的火焰，不断提高英语技能。

13. 利用作文培养学生观察力

培养学生观察力的现状反思

长期以来，作文教学徘徊在"少慢差费"操作层面，始终未能走出高耗低效的"怪圈"。对观察力培养的迷失不能不是导致作文教学无为低效的重要因由。

（1）心理认知的迷误

一些教师虽然也承认观察力的培养对提高学生写作水平具有正相关联系，但总觉得这种联系处在间接层面上，不如思维力、想象力、表达力来得直接有效。因而他们的兴趣和精力更多地投入到这些智力课题的开发上。也有的教师认为学生的观察力是"不学而能"、"不教自得"的。他们有"五官"自然就有"五觉"，因而观察力的养成无须刻意培养，采取了放任自流、听之任之的态度。

而由此造成的根本性的材料短缺，封闭性的闭门造车，思辨性的修残补缺的后果，使作文成了学生搜索枯肠、言不由衷的苦差事，焉能不"见了头疼"、为之发怵。

（2）操作实践的背离

认知上的迷误，导致了操作实践上的背离。表现为：在教学上，不去点拨成功的范文得益于深刻的观察的哺育和滋养，启发学生认识观察的重要，提高他们观察的兴趣和自觉性；也不注重对学生观察体验的生活积累的调动与激活，寻求新知识与学生的旧经验之间的联系和秩序，而是任凭学生的感性经验沉睡，用架空的理性分析取代学生活生生的感性认知过程，这样的教学根本无法点燃学生观察生活的热情。

在写作指导上，不把功夫下在引导学生热爱生活、观察生活、体验生活、思考生活的根本上，而是试图走捷径，追求"短平快"的导写效应。如要求学生孤立地摘记佳词妙句，大谈所谓写作技巧，强化模式训练等。我们认为这种急功近利、舍本逐末的指导偏误，是对写作规律的一种背离，也是作文教学失败的根由所在。

培养学生观察力的理性观照

（1）从实践操作过程看

观察是对认知对象自觉地、有目的地感知，观察力则是直接影响观察活动效率、使活动顺利完成的个性心理特征。毛泽东同志指出："一切真知都是从直接经验发源的。"观察作为感性认知的一种形式，必须从属于人类认识活动的总体规律。这个规律就是马克思主义哲学所揭示的"实践（观察）——感性认识——理性认识——实践（写作）"无限反复的过程。

可见，观察作为写作活动的第一步，在感性认识形成、理性认识感悟乃至整个写作实践的操作过程中，都具有奠基的意义和启动的效用。所以任何弱化与无视这一环节的行为，都是对认识规律的根本背离，只能将写作教学引入歧途。

（2）从信息接受角度看

人每天都要从外界摄入大量信息，据视觉心理学研究，一个正常的人所接受的信息有85%以上都是通过视觉途径获得的。加拿大学者马库勤曾形象地说过："听收音机长大的 60 岁老人等于看电视长大的六岁儿童。"。

（3）从写作本身的规律看

它是一个由"内化——意化——外化"的构建过程。内化是积累吸收，意化是加工思考，外化是倾吐运用。关于这一点古人早就有所感悟，王充就曾提出过任耳目——开心意——引效验的学习过程模式。

显然，"任耳目"就是指观察，"开心意"就是思考，"引效验"则是指导写实效。可见，观察作为写作教学的导入契机和信息内化的主要手段是写作的根本前提，它所输入的信息量的大小和优劣，直接影响着意化思考的热情与深度及外化输出的效果和质量。所以在整个写作流程中，观察起着"龙头"作用，它是学生习得知识的基础，体验生活的媒触，获取材料的源泉。没有观察，没有对事物的认识与感受，知识的渠道就会壅塞，生活的频道就会锁闭，写作的源泉就会枯竭。

（4）从个体发展角度看

培养学生良好的观察习惯，养成他们敏锐的观察眼光，丰富他们心灵的感受能力，开阔他们狭隘的认知视野，必将有助于他们今后的发展，增强后劲，使其受益终生。

（5）从智力构成的系统看

观察力是人的智力构成的一个重要方面，它与记忆力、想象力、思维力、注意力一起组成人的完整的智力系统。观察是基础；注意力是观察的集中指向，它是保证观察精确、清晰、高效进行的心理能力；记忆力是观察的目标效应，它是对观察过的认知对象外在表征的激活与重现。想象与思维则是对观察客体的加工思考，它是对事物内部的本质规律和联系的深加工与再编排。

所以，开发学生智力一定要注重对观察力的培养，才能固本求荣，根深叶茂。否则观察力的缺失或不足，对于学生智慧品质的养成和智能结构的优化都将造成难以弥补的损失。

（6）从中学生的心理特点看

中学生求知欲高，好奇心强，乐于接受新事物，有观察的兴趣和要求，这就为观察力的培养提供了施教可能和心理依据，教师应当根据学生的这一心理特征，把握住教育契机，因势利导，培养起他们的观察能力，提高他们的观察水平。

培养学生观察力的操作方法

观察是一种能力，能力的养成要靠在实践中加以培养和训练。

（1）要以教材为蓝本，渗透教育性

语文教材作为教育影响的主要媒体荟萃了名家名篇，它们必然要打上作家的思维方式、观察方式和情感特征，因此准确地"译解"和有意识地强化观察教学，有助于学生体悟观察效用，学会观察方法，了解观察对写作的意义，提高观察的自觉性。

茅盾的《白杨礼赞》，先总写白杨树笔直向上的外形特征，再分写干、枝、叶、皮四部分的特征，体现了观察的条理性、有序性。

《在烈日和暴雨下》作者选取特定的观察视角，联系烈日、狂风、暴雨不同环境的作用，七次写到柳枝，表现了观察的变换性和持续性，同时于写景之中还表现了人物难以主宰自我命运的深刻主旨。

朱自清的《背影》，描写父亲翻爬月台为儿子买橘送行。"攀""缩""倾"三个动词，依次摇出人物动作特写，写出了年高体胖的父亲"手""脚""身体"不同部位吃力爬高的艰难，表现了观察的细腻性和准确性。这些观察范例，如能结合教学实际认真开发，教会学生"观察之观察"，就能转化为滋补学生智力发展的"健力宝"，使他们意识到观察的价值和作用，日后就能积极主动地注意观察周围的事物，并逐步养成观察的习惯。

（2）要与思考相同步，诱发主导性

人对外部世界的观察与感受，总是与思考相伴随的。从脑科学的角度看，当外界的视觉信息通过眼睛转换成电脉冲输入大脑，大脑就开始了对信息的识别、比较、辨认、匹配。这一信息处理过程就是思考。从哲学认识论的角度看，观察始终不能脱离理性认识的制约、指导，而理性思考的介入又强化了观察的敏锐性、深刻性。

可以说，依凭于观察，思考才能活跃、高效；结合着思考，观察才能深入、完备。没有思考，没有对认知对象的理性透视，就不能揭示对象的本质，把握事物的联系，分散、孤立、表显的观察材料就难以组装起来，形成情感聚合和思想穿透。

所以观察之余，一定要诱发主体积极思考。没有思考，没有思维之犁对生活的深深耕耘，思维之树就结不出智慧的硕果。

（3）要以方法为导向，注重实效性

方法是工具和手段，是猎枪和点金术，是通达知识彼岸的"桥"和"船"。方法正确，事半功倍；方法不当，事倍功半。所以，教会学生掌握运用正确的观察方法，养成他们独立的观察能力是至关重要的。

为达此目的，就要向学生介绍一些基本的观察方法，"授之以学之之法"，如比较观察法，远近观察法，动静观察法，总分观察法，顺序观察法，移步观察法，定点观察法，联系观察法，换元观察法，特征观察法，异时观察法等。然后结合课文教学和实际观察指导学生运用这些方法进行观察演练，使他们在实践中加深对这些方法的认识与把握。

以观察树木为例，既可以让学生运用总分观察法，先总观树形的轮廓状貌，再按照一定的序列观察枝、干、叶、皮的细部特征，从而优化观察思路，提高观察实效。也可以运用比较观察法，引导学生观察不同树木的形态、枝干、叶片、皮色、花果和生长习性的差异，从而养成准确、细腻的观察品格，见人之所未见，察人之所未察，形成独到的发现。

还可以指导学生联系春、夏、秋、冬的不同季节观察树木的生态与表征，指点他们留心春风、秋雨、月光、骄阳或雪后等不同自然环境作用下的树木的变化和特征。这样联系观察，散点透视，无疑将有益于开阔学生的观察视野，启迪他们的观察思路，使观察获得系统、全面、深入的高品位和高质量。

（4）要以训练为手段，贯穿实践性

观察作为获取材料的手段和来源，远不是写作教学的目的和终结，所以观察、思考之后，还要引导学生投入到写作训练的实际过程中去，对材料进行"包装"，"给思想穿上外衣"。布鲁纳认为："把经验转化为符号形式，符号就成为间接的参照、转换和结合的手段，开阔了智慧的可能范围，致使符号的重要性超过作用很大的映象形成系统。"

训练伊始，要循序渐进，可按由小到大，由分到合，由简到繁，由易到难的梯次进行，指导学生写好观察日记和观察片断，即用简洁的笔墨整合观察材料，写成新鲜、活泼、充实、生动的短文。要先从一物一景一人的单项训练开始，如写一件器物，一件工艺品，或写山水日月等自然景观，也可以写班上同学的肖像素描，要求学生细致观察，准确捕捉，简洁表现。然后渐次过渡到写多物多景多人的综合训练，如写一个商场，一所剧院，一座新型建筑，一个群体场面，或春游、秋游，校园景观等。

训练要一步一个脚印扎实稳健地向前推进。不要好高骛远，急于求成，追求立竿见影的速成效应，那样往往只能欲速则不达，煮成令人无奈的夹生饭。应该鼓励学生勤其练习，自奋其力，持之以恒，这样日积月累，拾级而上，材料日渐其多，笔墨日渐纯熟，思路日渐洒脱，久之自臻佳境，才能使学生切实地体验到观察与练习的效益和作用，提高写作的兴趣和热情，逐步进入得心应手、挥洒自如的自由王国。

14. 利用数学培养学生注意力

课程改革引发了教育理念的更新，更催生出众多先进的教学方法。在轰轰烈烈的改革中，教育教学质量得到了提高，学生的素质也得到了一定程度的增强。但是，当我们回头检视我们的教育教学过程，反思其中的各个环节时，我们也有些许不安。提高教学质量，必须提高课堂教学效益。

对教师来说，优化课堂教学流程，固然是至关重要；然而我们有时却忽视了对于学生学习品质的着力培养，尤其是对学生课堂注意力的培养。因为教与学是相辅相成的。教学流程的优化，教学设计的实施，教学任务的完成，最终都必须通过学生这个学习主体本身的努力以及与教师的配合来实现。

教师在课堂教学中的各种教学行为的预设与生成中，都没有关注到学生课堂注意力方面的引发、激励与保持的话，就不会引起学生强烈而持久的注意。学生听课就会出现注意力不集中，因而走神的现象，教师再精彩的设计与努力也达不到预期的教学效果。因此我们必须重视学生课堂注意力的培养。

在学生注意力培养方面主要存在的问题

（1）教学形式的单一与整合不够

一道再可口的珍馐，如果让你天天去吃，时间久了，你也会感到厌烦并感到食之无味，反而对那些家常菜肴产生浓厚的怀念。我们的教学也是如此，即使再好的教学形式，如果每节课都套用，势必在长久的使用后消磨学生的兴趣，减弱其刺激度，影响学生的注意力。如学生质疑式、先学后教式、小组合作、动手操作……等形式虽都值得提倡，但是，当我们机械地单一长久使用的话，反而失去其有效促进作用。

因此，我们必须根据教材、学生的实际，进行各种形式的整合。正如系统论所认为的：结构合理的整体功能大于各部分功能的相加总和，任何事物越是有序，其效能越高。如果我们的教师无视教材的区别，与学生的差异，沿用千篇一律的教学形式，怎能保持教学对学生持久有效的刺激，以使其葆有较高品质的注意力呢？

（2）教学方法与手段的新颖性不够

教育改革促进了教育理论与教学方法的推陈出新，科学技术的发展也推动了教育现代化技术的提高。呈现在教师面前的是众多先进的教育理念和教学方法，以及各种先进的教育教学辅助手段与设备，我们的教师可以在方法与手段的选择上有更多的选择余地和更大的选择空间。而我们有的教师依然习惯于依靠"一本书、一支粉笔、一张嘴"式的老师讲而学生听的传统教学方法，置各种新颖的教学方法和高投入的先进设备于不顾。必然使学生产生视觉上的疲劳与心理的懈怠，削弱其对数学学习的兴趣，影响其心理指向，又怎能培养学生的注意力呢？

（3）对于信息反馈的关注度不够

根据德乌兹等人提出的反应选择理论来看，学生对老师输入的信息进行意义分析后，根据外界刺激的重要性来选择反应，对之做出反映的事物，即为受到注意的对象。反之，则为未受到注意的对象。而有些教师上课只顾自己讲，丝毫不留意学生对信息所作出的反应，不能根据学生的注意动向随时调正自己的讲课内容或方法，以适应学生听课之需，这样势必造成教师讲得越多，学生的注意力越是分散的恶果。

（4）教学行为的规范度不够

有些教师学习不够，观念转变不到位，受旧的教育经验的影响，信奉"数学是靠做题做出来的"等一些落后观念，而导致了一些不规范的教学行为的发生：如大量地重复地无目的地布置作业。我们都明白适度的练习对于学生数学技能形成具有不可或缺性，而这种作业的设计与布置，只会使学生精神疲劳，学而生厌，学生的注意力也就无法集中起来了。

着眼于学生的长远发展和数学课堂教学的长效，我们必须在我们的教学准备过程与设施过程中时刻关注学生的注意力状况，为提高学生的注意力品质精心设计，做促进学生良好学习品质形成的有心人。

培养学生课堂注意力的主要途径

（1）遵循认知规律，精心设计教学过程

心理学告诉我们，人们已有的知识经验在很大程度上影响着人们的注意力，一个新事物的出现，它是不是能成为人们注意的对象，要靠它和人们已有的知识经验联系的程度而定。人们感兴趣的往往是切合人们实际的对之略有所知却又不了解的东西。

因此，教师必须努力钻研教材，了解学生的实际情况，在学生已有的知识经验的基础上循序渐进、逐步深入地把新材料同学生已有的知识经验联系起来，以加强学生的注意力。

（2）科学应用心理规律，提高注意的品质

注意是心理学的研究范畴。而学生的注意力有着其自身的特点，在不同年龄，不同环境、不同时间的不同阶段都有着迥异的特性。因此，我们必须通过学习了解规律，通过调查了解差异。在教学中充分应用学生的无意注意，有效引发学生的有意注意，促进学生有意注意的发展。根据学生注意力的保持时间合理安排教学活动，将学生注意力的最佳时间的有效利用率发挥至极至。

教师还应善于运用无意注意和有意注意相互转换的规律，创造一个良好的教学氛围，使学生入境乐学。同时还要使学生的体力与脑力劳动交替，手脑并用，防止各种形式的过度疲劳，保持较为健康的学习准备状态和乐学的心态。

（3）整合教学内容与形式，培养学习兴趣

要想让学生引起注意又能维持注意，兴趣是很重要的。人的兴趣不是与生俱来，它是在一定需要的基础上，在实践的过程中产生和发展起来的。如果课堂教学的内容越能贴近社会，贴近生活，就越符合学生的需要，也就越能激发学生的兴趣，学生的注意力也能更加集中。

事实表明，最能激发兴趣的事物，也是最能引起注意的事物。教师可以努力挖掘教材中的资源，结合学生的生活实际，在内容上找准知识的最佳切入点，在形式上选择最能激发学生兴趣的方法，将数学知识的学习与生活联系起来，了解学习的意义，将数学技能的学习与解决实际问题结合起来，增进学习的亲切感和成就感。

激发学生的求知欲，提高他们学习的主动性与自觉性，使他们为学习赋予更多的关注，在无意中增强其注意力的强度与效度，促进其注意力品质的提高。

（4）关注信息反馈，以情促智

课堂是教与学交融的过程，是教师与学生智慧碰撞的过程。在教学中，教师要密切注意学生的学习动向，了解其知识与技能的反馈，心理与心态的变化，本着一切为了学生发展的宗旨，及时有效地对反馈作出回应。将课堂适时地交给学生，让学生敢于张扬个性，表达心声，阐述观点；让师生平等的交往共事，不被过多的条框束缚自己的个性发展，真正实现主动地、富有个性地学习；实现师生互动，相互沟通，相互影响，相互补充，师生互教互学，彼此形成学习的共同体。

以情促智，以主动性为推进力，促进学生的课堂注意力。

15. 利用英语培养学生注意力

心理学认为，注意是人在清醒意识状态下的心理活动对一定对象的指向和集中。有位教育家说过："注意是我们心灵的唯一门户，意识中的一切必然经过它才能进来。"只有那些进入注意状态的信息，才能被认知，并通过进一步加工而成为个体的经验，其目标、范围和持续时间取决于外部刺激的特点和人的主观因素。

如果学习时学生注意力分散，心不在焉，就很难集中在一定的学习对象上，就会导致视而不见、听而不闻的现象发生，也就不能很好地感知和认识教材。所以，在教学过程中，我们应采取多种有效方法培养学生的注意力，努力提高课堂教学效益。

重视课前三分钟，唤起学生的注意力

良好的开端是成功的一半。在一节课的开始，学生的兴奋点有时还停留在上节课的内容或课间所从事的活动中。能否把学生由"课下"导入"课上"，使他们全身心地投入到学习中去，在相当程度上决定着一堂课的成败。因此，为了将学生分散的注意力吸引到特定的教学任务和活动之中，使学生的思维尽快达到最佳水平，我们可以结合小学生爱说、爱唱、爱表演的特点，在课前三分钟开展唱课本上和课外的歌曲、说 chant、谁来当英语明星等活动，引导学生将分散的注意力集中起来。

巧妙引入新课，吸引学生的注意力

德国教育家第斯多惠曾经指出："教学的艺术不在于传授本领，而在于激励、唤醒、鼓舞。"我们常有这样的体会，即使在教学秩序比较差的班级，只要教师提出问题，学生几乎都能集中注意力，进行

一定的思考。为了迅速处理信息，寻找问题的答案，促使他们集中注意力，认真听讲，在引入新课时，通过巧妙地设疑提问，就能把学生的注意力紧紧钳住。

教学实践证明，猜谜引入法、游戏引入法、直观引入法等都是行之有效的好方法。在唤起学生无意注意和有意注意的同时，刺激大脑兴奋中枢，使学生处于兴奋状态，迅速进入角色，主动参与课堂活动。

激发兴趣，培养学生的注意力

小学生的特点是活泼好动，有意注意持续时间短，自制力较差。他们的注意力最长只能坚持 10~15 分钟左右，大脑就会出现阶段性疲劳。如果将他们的学习当作单调的教师讲、学生听的过程，将会使他们的兴趣荡然无存，课堂上表现为无精打采，注意力分散。据此，教学过程中要根据小学生的年龄特点，利用灵活多样的教学方法吸引学生的注意力，培养学生上课认真听讲、专心学习的好习惯。

（1）利用游戏、比赛

英语教学游戏和比赛简单易行，是培养学生情绪和注意力的有效方法，深受小学生欢迎。在游戏、比赛中，学生注意力往往高度集中，兴趣极高，接受知识轻松，处于主动学习状态。

例如：在教授牛津小学英语 3Aunit9 Open and close 中，我安排了一个比赛，把全班分成四组，每组选出一名代表到组前比赛，教师或者学生代表向比赛的学生发出 Open/Closethebasket/box/fridge/book/pencil－box/bag/please 的指令，其他学生随时做出判断，全部做对的代表为他们小组获得一个奖品。这样每个同学都能集中注意力参与活动，既得到了听说的训练，又增强了学生的集体荣誉感。

（2）利用直观教学手段

易于引起和保持学生的学习兴趣，集中注意力。例如：在教授牛津小学英语 3Auint8 Let's go to the park 时，教师可以出示事先准备好的名胜古迹的照片，这样，紧紧抓住了学生的注意力，不仅巩固了新授的句型，还可以学到这些名胜古迹的英文说法。除此之外，简笔画教学也深受学生欢迎。一个好老师利用简笔画可以把学生从课上带到公园、高山上、商店里。

（3）控制调节课堂教学节奏

一节课如果学生情绪涣散低落、烦躁惊恐，教师即使手舞足蹈，口若悬河，也不能收到良好的教学效果；相反，热情洋溢、欢快喜悦的课堂氛围，将会使学生喜欢英语，爱上英语课。因此，教师一定要关注学生的情绪，随时调控教学节奏，创设良好的课堂氛围。当发现学生疲倦时，穿插一些趣味性的东西，让学生唱一唱，动一动。

当发现多数学生已掌握教学内容，表现出注意力涣散，漫不经心时，应加快节奏，增加密度或增添一、二个小游戏或进行表演比赛。这样，歌曲、表演、游戏等教学活动此起彼伏，高潮迭起，扣人心弦，促进学生集中注意力。教师要善于消除不良情绪，让学生注意力始终跟着老师转，并积极参与思考。

设置教学障碍，锻炼学生的注意力

学生的学习活动是一个艰苦的脑力劳动过程。有兴趣和动机是不够的，必须磨练意志，增强自制力，养成专心学习的良好习惯。教学中教师可通过设置教学障碍，锻炼学生的注意力。例如：在学完26个字母后，教师可以呈现新单词卡片，让学生快速地正确地拼读，或者在课前让学生听教师的拼读快速地将单词写出来。

明确学习目的，保持学生的注意力

通过学习目的的教育让学生认识到英语学习的重要性，是使学生保持有意注意的重要因素，是英语学习的内驱力。一个人对学习是否专注，往往与其学习目的是否明确有很大关系。如果学习目的明确，就会长时间集中注意力，而有效地继续学习，注意力就会最大限度、持久有效地发挥作用。

心理学家的研究表明,人们从外部获得信息的 90% 以上是通过视觉渠道获得的。在课堂上,正是由于教师的声情并茂、讲做结合,才有助于学生对所学知识的注意,加深印象。教育家苏霍姆林斯基指出:"教师的语言在极大程度上决定着学生脑力劳动的效率。"实施素质教育的主渠道是课堂教学,课上学生能否专心学习是关键,所以,教师要充分发挥主导作用,运用科学的教学方法,讲究教学艺术,利用学生对所学知识的注意和兴趣,不断培养学生有意注意的学习品质,切实提高学生良好的心理素质。

16. 培养中学生思维能力

思维是人脑对事物本质的与内在联系的反映,思维以语言为物质基础,以知识为中介,是一种间接的、概括的理性认识过程。智力包括观察、记忆、思维、想象、实践等能力。智力的各种因素都是由思维来引导、支配、决定的:观察必须由思维来筛选观察目标和观察方法,记忆主要靠思维理解后才能记得快、记得巧、记得牢,想象离不了思维的导航,实践能力的表达、写作、试验、操作等等更是无一能够离开思维的支配,所以说,思维是智力的核心。

怎样培养中学生的思维能力

（1）自觉遵循思维规律

学生在中学阶段,虽然抽象逻辑思维占主要地位,但初中生和高中生的思维规律各有不同。

初中生的抽象逻辑思维虽然开始占优势,但在很大程度上,还属于经验型,即在初中生的思维中,具体、生动的形象仍然起着重要作用,他们的抽象思维经常需要具体、直观的感性经验来助一臂之力。

而高中生的抽象逻辑思维，正处在由经验型向理论型急速转化的过程中，他们已能够脱离感性支持，用抽象的理论作指导，进行分析、综合、判断、推理。

所以，初中生应重点掌握知识的系统性，以便为逐步形成复杂的概念系统打好坚实的基础；训练初中生的抽象思维，要多用猜谜语、智力测验、趣味比赛等形式来进行，以收事半功倍之效。高中生则应重点培养理论型抽象思维，力求对各种材料作出理论的、规律性的说明，训练高中生的抽象思维，可多用解数学题、推导公式、演绎论证等方法。

（2）抓住思维的"关键期"

初一时学生的思维类型和小学高年级还相差无几，初二则是抽象思维的新起点，此时，逻辑抽象思维开始从经验型向理论型发展，是一种质的飞跃时期，在心理学中叫做"关键年龄"。教师、父母和学生本人都应抓牢初二这一关键期，采取多种多样行之有效的方法和措施，使抽象思维的起步有一个良好的开端。

（3）培养思维的各种优秀素质

①思维的敏捷性即思维的速度快、效率高，这就要对中学生在作业、考试中提出速度要求，特别是在平时就要练习掌握提高速度的要领，如化简法、速算法、归纳法等等。

②思维的灵活性即思维路子广、灵巧度高，这就要求掌握"辐射思维"法。事物辐射出多种思路，择优而行，还要提高灵活运用各种法则、公理、规律的自觉性，特别要养成善于"迁移"的好习惯，能够"举一反三"。

③思维的抽象性即逻辑性强、善于归纳概括、能深挖事物的本质。为此，中学生应在初中学习一些形式逻辑知识，到了高中应掌握一些辩证逻辑知识，比较系统地学会抽象思维的基本原理和方法。

④思维的创性即思维能够有所独创，有新发现或新发明。

为此，中学生应自觉参加各类有益于培养独创性的实践活动，如创作诗文、自编习题、搞一些小制作、小发明等等。要能独思独创，不仅要能"求同思维"，更应养成"求异思维"的良好习惯，特别应大力提倡中学生学习"创造学"。

17. 利用语文培养中学生思维能力

"培养能力，开发智力"，是各门学科所追求的目的。所谓"能力"，就是人完成某种活动所必须的一种个性心理特征。据心理家们研究：能力是由智力和各种特殊能力等因素构成的。其中智力据核心地位，而智力又是由异常繁多的因素组成，但在这诸多智力因素中，居于核心地位的思维能力。

因此，思维能力的培养和训练，在各科教学中均是至关重要的。那么，在语文教学中，如何培养和训练学生思维能力呢？当然思维训练的方法是多样的。

启发学生联想以提高学生的形象思维能力

语文教材中的文学作品，是一种语言艺术。它所塑造的形象如果与造型艺术相比，其间接性是非常明显的。例如《陌上桑》中的秦罗敷到底是什么样子，需要学生通过想象才能"看到"。《荷塘月色》是怎样迷人的，谁能将其声、其色、其形以及其微妙的情趣，淋漓尽致地"画"出呢？只有借助联想和想象，才能使学生展开广阔的生活画卷，并从时代的高度提炼生活，从而养成深刻独到的形象思维能力。

再如，教学白居易的《忆江南》，由于诗词的语言的高度凝练，词中直接描绘江南春光的语言仅有两句，四十字。为了使学生有更丰富深刻的感受，可以引导学生发挥联想想象，领略江南美妙春光。江南"春水绿如蓝"，那么地方的春水呢？中原是"黄河滔滔混如泥"！东北是"冰天雪地刚解冻"！江南的春色是"红似火"，北方是"茫茫戈壁一片白"，"春风不度玉门关"！通过联想和想象，同学们对江南的春光印象就更加深刻了。

精心设计提问培养学生的抽象思维能力

思维是从遇到问题开始活动的。要想提高学生思维的敏捷性和严密性，就必须在"问题"上大作文章。力求提高"问"的质量，讲究"问"的艺术。这就要求教师备课时，要善于发现问题，并精心设计问题，以便在教学过程中，有目的、有计划地对学生进行思维训练。在教学中，可以采用以下几种主要方法。

（1）在课文重点难点上设问

引导学生深入把握文章主旨。比如教学《祝福》，深究一下，可以发现鲁迅先生，把祥林嫂的悲剧情节，都安排在春天里完成——丽春之日，丈夫祥林死去；孟春之日，祥林嫂被迫再嫁；暮春之日，痛失爱子；迎春之日（即大年夜），寂然死去。作者着意把这几个最关键、最悲惨的情节都放在春天里，与人们所追求的美好的春天，形成了强烈的反差。那么，造成祥林嫂悲剧的原因是什么呢？此问一发，必是"一石激起千层浪"，学生通过思考，方能准确的捕捉到：祥林嫂的悲剧内涵——封建礼教和封建宗法势力的压迫和毒害，这就是作品反封建的主题深刻性之所在。

（2）在学生认为浅显的地方设问

比如讲《回延安》，可以提出这样一个问题：作者虽曾在延安生活过，但他的老家并非延安，诗人用"又来延安"，不是比"回延安"更准确吗？问题一出，学生顿思，最终可以悟出：回延安——正是把延安看成养育自己的母亲，一个"回"字，寄托了作者对延安的无限革命深情。这样设问，可以改变学生读书"不务精思"的不良习惯，培养学生发现问题的能力。

（3）使学生从设问答案中领悟原理

例如教学《故乡》，学生提问，文中的"我"是不是作者本人。我们可以不急于回答，而是接着提出一个问题：《孔乙己》中的"我"是酒店伙计，鲁迅卖过酒吗？学生由此可以得出一个结论：小说中的"我"是作者根据生活原型塑造的艺术形象，写实性的文学中的"我"可以是作者本人。

（4）运用"归谬法"设问

让学生自己去发现并改正错误。如我们教学《向沙漠进军》，提问学生什么叫"地下水"？学生回答：地下水就是地面上的河流渗入到土壤岩隙中的水。我们可以先不要作肯否，接着提出另外一个问题：一定是地面上的河流渗入的吗，如果沙漠上没有河流呢？这就是运用归谬法转化而来的。在教者点拨下，学生就可以得出正确答案：地下水是地面河流和降水渗入岩隙逐渐形成的。

当然，提问的艺术是探索不尽的。以上所举的仅是一二而已，远不能囊括其全部。但可以肯定，精巧的设问，不但可以使学生在训练过程中把握课文，更重要的是能够培养学生的抽象思维能力。

借助"发散"与"聚合"培养学生

大纲要求教师"通过多种方法，引导学生积极思考，鼓励他们进行创造性思维活动"。而创造性思维活动大体上有两种形态：其一是学生自身无法预控的"灵感迸发式"的思维活动，另外是学生可以自己驾驭的"发散思维和聚合思维"有机结合的创造性思维活动。从写作角度而言，发散思维就是针对一个命题或几个简短的材料，展开多层次，多角度的思考。所以，要进行发散思维训练，就必须对其带有规律性的东西进行思考。

（1）内涵性思考

人们在面对一个命题或几个材料时，首先思考的便是它们的内涵。比如"谈美"这个命题时，可以引导学生就其内涵来思考，便可得出诸多义项：美是和谐，美是恰当，美是完善，美是关系，美是生活……美是人对具体事物本质的抽象化，其内涵极其繁多，学生写作时，可以任其一个义项加以展开联想。

但是，就中学生来说，探索事物本质属性，恐非力所能及，因此，我们不妨可以从第二条路线去引导学生思考。

（2）外延性思考

这种思路主要是对命题的概念所反映的那一类事物，做尽可能广泛的思考。仍以"谈美"为例。就其外延来说，学生就容易的多了，绝不会无从下笔了。因为"美"的外延异常广阔，比如，气象万千的自然美，五光十色的生活美，令人心醉神迷的艺术美。而每一部类都有许多可以描写的内容。学生可以从中选取自己有独特感受和见解的东西来写，这样就不致与落入俗套。

（3）逆向性思考

这种思考方式，它冲破思维定势，发挥学生创造性思维能力。我们在写作教学中，可以鼓励学生"标新立异"。例如，开卷有益——开卷未必有益，近朱者赤——近朱者未必赤，没有规矩成方圆——没有规矩也能成方圆等。学生的见解不无道理，而且具有独到之处。

（4）互渗性思考

万事万物之间都是相互联系的。写作时我们可以引导学生辨证思考，从而进行立意和构思。例如"苦与乐"这一命题，我们可以引导学生拓展联想，古今中外无数伟人、大家他们的人生经历，无不展示崇高的苦乐观和人生观。再如"树木、森林、气候"这个命题。学生可以联想到个体与集体的关系。这样辨证的互渗性思考，可以写出立意新颖而又深刻的文章来。

聚合性思维是创造性思维的第二阶段。它是针对发散性所产生的众多义项进行比较、鉴别并从中概括出最佳的一种思维过程，它是发散性思维的继续和延伸，下面简要述说应该遵循的三条标准和原则。

必须有较高的社会价值。

必须与作者自身的经历和体验有密切联系。

必须有所创新。但是三者不是孤立的，如果把它们有机结合，就是最佳义项。

总之，教学中要注重引导学生进行思维活动，激发学生思维的活力，指导学生运用各种思维活动来解决问题，培养学生独立思考能力。所以，语文教学，不但要领着学生"进入"课文，还要引导学生"走出"课文，使他们在"进"与"出"的过程中，获取开启智慧大门的钥匙，并且能由已知领域向未知世界进军！

18. 利用物理培养学生逻辑思维能力

按照心理学的观点，智力的核心是思维能力，而思维的核心是抽象逻辑思维。按照思维结构的发展阶段来看，抽象逻辑思维是发展的最后阶段。显然，培养思维能力，特别是抽象逻辑思维能力是开发智力的关键。高中物理是一门严密的、有着公理化逻辑体系的科学理论，对于高中学生抽象逻辑思维能力的要求，较初中物理有了一个很大的飞跃，这就是当前所谓初、高中物理"台阶问题"的实质。另外，从高中学生心理特征来看，抽象逻辑思维由经验型向理论型转化，在高二年级将初步完成，这意味着他们思维趋向成熟，可塑性将变小。

因此，在高中一、二年级不失时机地提高学生抽象逻辑思维能力，以顺利地完成从经验型向理论型水平的转化是必需的。高中物理教学如何提高学生的抽象逻辑思维能力呢？

巧设"陷阱"，深化概念

学生在处理物理问题时，由于缺乏思考，往往不知道通过物理过程的分析去还原物理问题所依赖的模型，因而容易落入"陷阱"。因此，教师可故设"陷阱"，诱导学生就范。

例如，在学习牛顿运动定律后，可出示下面的问题让学生分析：一质量为 04kg 的物体，沿倾角为 30° 的斜面从底端以 20m/s 的速度上升，若滑动摩擦力是 2N，第 3s 末物体离底端几米？许多学生用牛顿第二定律 $\Sigma F = ma$ 和运动学公式 $S = V_0 t - 1/2 a t2$，求出答案为 15m。这显然是错的。这时，我们可引导学生通过讨论揭示题目所依赖的物理模型，让他们在思维的碰撞中，"吃一堑，长一智"，加深对概念和规律的理解。

明确目标，探索条件

生物学的研究和考古方面的事实，提供给我们一种研究问题的方法，这种方法是围绕一个已知的中心结论，尽可能利用自己头脑中已有的多组相关的条件。通过分析研究，有层次地探索应该已知的条件，达到异途同归的目的。

例如，为了使学生掌握匀变速直线运动的规律，可让学生讨论这样一个问题："物体做匀变速直线运动时，欲求它通过的位移 S，需要知道哪些条件？并回答出求位移 S 的方法。"在引导学生抓住与位移相关的物理量是速度、时间和加速度的要点后，经过讨论，结果一共找到了七组条件。这种明确目的、探索条件的思维方法，可挖掘题目的内涵，发挥学生发散思维的潜力，从而活跃了思路，活化了知识，增强了记忆，提高了教学效率。

一题多解，多题归一

物理学研究的对象是客观世界存在的物理现象，对于同一问题，不同的人往往有不同的研究方法。因此，在物理解题过程中，我们可以根据不同层次学生的智能水平，进行一题多解或多题归一的训练，达到拓宽学生思路的目的。

例如，力学、热学和电磁学中的许多问题都可以通过一题多解的训练，选好典型题，抓住问题的实质，积累正确的解题经验，帮助学生挖掘某些物理量间的相互关系和物理规律间的内在联系，提高学生求异思维的能力。

明确目标，探索条件一题多问，活跃思维

一题多问是训练学生串联解题能力的逻辑推理方法，通过多问训练，可使学生对某一概念或规律逐渐深化、升华发展，它是活跃和发展学生思维的最好的形式。

例如，在学过竖直上抛运动后，可引导学生分析这样一个问题：在小球 A 的正下方 h 处有一小球 B，当 A 自由下落时，B 正好竖直上抛，欲使两球在 B 上升到最大高度时恰好相遇，求 B 向上抛出的速度。在学生突破后，再依次让学生分析下面的问题：

若使小球 A 在小球 B 上升过程中相遇，B 球向上抛出的速度是多少？

要使两球在 B 正好返回抛出点时相遇，B 球向上抛出的速度应为多少？

欲使小球 B 下落中与 A 相遇，小球 B 向抛出的速度范围怎样？这几个问题，环环相扣，紧紧抓住了学生已有的知识与问题间的联系，从而迫使学生在线索相对集中的前提下尽可能地发生了思维的发散，便于他们揭示知识间的内在联系，掌握解题的脉络。

总之，在物理教学中，要有意识地培养学生创造思维的能力，使学生以已有的知识信息为基础，形成布局合理的等效思维、迁移思维、逆向思维、发散思维和推理思维及分合型思维等不同形式的立体结构，

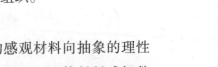

让学生在思维中增知识、长才干，在思维中求技巧、促能力，从而最有效地促进学生能力的发展。

19. 利用数学培养学生逻辑思维能力

中学生学习数学的主要能力是逻辑思维能力，逻辑思维是一种有条件、有步骤、有根据、渐进式的思维方式，是借助于概念、判断、推理等思维形式所进行的思考活动。因此，尤其对面临中考的初中学生，他们的逻辑思维能力的培养和提高尤为重要和紧迫，我们要做到以下几点：

思维过程的组织要得到重视

要培养和提高学生的数学逻辑思维能力，就必须把学生组织到对所学内容的分析和综合、比较和对照、抽象和概括、判断和推理等思维的过程中来。教学中要重视以下思维过程的组织。

（1）提供感观材料

组织从感观到理性的抽象概括。从具体的感观材料向抽象的理性思考，这是中学生逻辑思维的显著特征、随着学生对具体材料感知数量的增多、程度的增强，逻辑思维也逐渐加强。因此，教学中教师必须为学生提供充分的感观材料，并组织好他们对感观材料从感知到抽象的活动过程，从而帮助他们建立新的概念。例如教学科学记数法时，可让学生观察小数点移动的位数与 10 的 n 次方中 n 的关系，学生通过思考会发现小数点移动的位数正好是 n 的绝对值，应该向前移 n 为正，向后移 n 为负。这种抽象概括过程的展开，完全依赖于"观察——思考"过程的精密组织。

（2）指导积极发散拓展

推进旧知向新知转化的过程。数学教学的过程，其实是学生在教

63

师的指导下系统地学习前人间接经验的过程，而指导学生知识的积极发散，推进旧知向新知转化的过程，正是学生继承前人经验的一条捷径。中学数学教材各部分内容之间都潜含着共同因素，因而使它们之间有机地联系着，我们要挖掘这种因素，沟通他们的联系，指导学生将已知迁移到未知、将新知识同化到旧知识，让学生用已获得的判断进行推理，再获得新的判断，从而扩展他们的认知结构。为此，在教学新内容时，要注意唤起已学过的有关旧内容。

（3）强化练习指导

促进从一般到个别的运用。学生学习数学时、了解概念，认识原理，掌握方法，不仅要经历从个别到一般的发展过程，而且要从一般回到个别，即把一般的规律运用于解决个别的问题，这就是伴随思维过程而发生的知识具体化的过程。因此，一要加强基本练习；二要加强变式练习及该知识点在中考中出现的题型的练习；三要重视练习中的比较和拓展联系；四要加强实践操作练习。

（4）指导分类、整理

促进思维的系统化，教学中指导学生把所学的知识，按照一定的标准或特点进行梳理、分类、整合，形成一定的结构，结成一个整体，从而促进思维的系统化。例如讲二元一次方程时，可将方程的所有知识系统梳理分类，在学生头脑中有个"由浅入深，由点到面"的过程。

寻求正确思维方向的训练

（1）指导学生认识正确思维的方向

正向思维是直接利用已有的条件，通过概括和推理得出正确结论的思维方法。逆向思维是从问题出发，寻求与问题相关联的条件，将只从一个方面起作用的单向联想，变为从两个方面起作用的双向联想的思维方法。横向思维是以所给的知识为中心，从局部或侧面进行探索，把问题变换成另一种情况，唤起学生对已有知识的回忆，沟通知识的内在联系，从而开阔思路。发散思维，它的思维方式与集中思维相反，是从不同的角度、方向和侧面进行思考，因而产生多种的、新颖的设想和答案。

教学中应注重训练学生多方思维的好习惯，这样学生才能面对各种题型游刃有余，应该"授之以渔而不是授之以鱼"！要教学生如何思考，而不满足于只会解答某一道题。

（2）指导学生寻求正确思维方向的方法

培养逻辑思维能力，不仅要使学生认识思维的方向性，更要指导学生寻求正确思维方向的科学方法。为使学生善于寻求正确的思维方向，教学中应注意以下几点：

①精心设计思维感观材料培养学生思维能力，既要求教师为学生提供丰富的感观材料，又要求教师对大量的感性材料进行精心设计和巧妙安排，从而使学生顺利实现由感知向抽象的转化。

②依据基础知识进行思维活动中学数学基础知识包括概念、公式、定义、法则、定理、公理、推论等。学生依据上述知识思考问题，便可以寻求到正确的思维方向。例如有些学生不知道如何作三角形的中位线，怎样寻求正确的思维方向？很简单，这就要先弄准什么是三角形的中位线，作起来也就不难了。

③联系旧知，进行联想和类比旧知是思维的基础，思维是通向新知的桥梁。由旧知进行联想和类比，也是寻求正确思维方向的有效途径。联想和类比，就是把两种相近或相似的知识或问题进行比较，找到彼此的联系和区别，进而对所探索的问题找到正确的答案。

④反复训练，培养思维的多向性学生思维能力培养，不是靠一两次的练习、训练所能奏效的，需要反复训练，多次实践才能完成。由于学生思维方向常是单一的，存在某种思维定势，所以不仅需要反复

训练，而且要注意引导学生从不同的方向去思考问题，培养思维的多向性。

重视良好思维品质的培养

培养学生逻辑思维能力必须重视良好思维品质的培养，因为思维品质如何将直接影响着思维能力的强弱。

（1）培养思维敏捷性和灵活性

教学中要充分重视教材中例题和练习中其它解法，并对比哪一种最优，怎样分析的，有没有不足之处，指导学生通过联想和类比，拓宽思路，选择最佳思路，从而培养学生思维的敏捷性和灵活性。

（2）培养思维的广阔性和深刻性

教学中要注意沟通知识之间的联系，就可以培养思维的广阔性和深刻性。

（3）培养思维的独立性和创造性

教学中要创造性地使用教材和借助形象思维的参与，培养学生思维的独立性和创造性。教材例题前面的内容多是为学习新知识起铺垫导语，后面的则是对已获得的知识的巩固、加深。因此，对例题教学的重点是：使学生对解题原理理解清楚，而后面例题教学则应侧重于实践。之后的练习应进一步加深、拓展、发散。

良好的思维品质、逻辑思维能力是学生在中考今后考试中取得高分、满分的必要条件，学生在学习中应努力锻炼自己，努力使自己成为学习中的猛将，考试中的高手，生活中的强者！

第二章

学生的注意力教育培养

1. 什么叫注意力

注意力是指人的心理活动指向和集中于某种事物的能力。"注意",是一个古老而又永恒的话题。俄罗斯教育家乌申斯基曾精辟地指出:"'注意'是我们心灵的惟一门户,意识中的一切,必然都要经过它才能进来。"注意是指人的心理活动对外界一定事物的指向和集中。具有注意的能力称为注意力。

注意从始至终贯穿于整个心理过程,只有先注意到一定事物,才可能进一步去集训、记忆和思考等。

注意属心理学的范畴,是指人的心理活动对一定对象的指向和集中。指向和集中是注意的基本特点。注意力就是把自己的感知和思维等心理活动指向和集中于某一事物的能力。感知是感觉和知觉的统称,思维是人脑对客观事物间接的和概括的反映,它反映事物的本质和规律。

指向性是心理活动对活动对象的选择。客观事物并不都能被主体清晰认识,人们在每一活动瞬间都能依赖意识和需要选择某个特定的对象而离开另一些对象。因此,注意的对象又叫做被主体选择的客体;注意的背景是其他没有被选择的客体;选择的范围是一个或几个互有关系的对象。

集中性是心理活动不仅离开一切无关事物,而且抑制了无关活动,使选择的对象维持在相对的时间内,保证对对象的清晰反映。如全神贯注、聚精会神、专心致志、一心一意等。由于高度集中注意,心理紧张度极高,如医生做手术、电脑上机,注意范围缩小,有时达到"视而不见、听而不闻"的境界。指向性和集中性密不可分,是保证心理活动顺利开展并继续维持下去的前提条件。

2. 注意的品质和种类

注意的品质

注意的品质包括注意的广度,注意的分配,注意的稳定,注意的转移。

注意的广度,亦叫注意的范围。在同一时间内,注意所能把握的对象的数量。注意的对象越集中,排列得越有规律,越能成为互相联系的整体,以及活动的任务越具体,个体的有关知识经验越丰富,注意的广度就越大。

注意的分配。在同一时间内把注意指向两种或两种以上的活动或对象上。注意的分配是可能的、必要的,但是有条件的,其中最主要的是同时进行的两种或两种以上的活动中,只能有一种是不熟练的,其他都已达到相对自动化的,即不需意识控制的程度。

注意的稳定。在一定时间内把注意持久的集中在某一对象或活动上。对象的新颖性、多变性,活动内容的丰富性,以及个体的精神状态,健康状况等等,是保持注意稳定的条件。

注意的转移。根据新的任务,主动地、迅速地把注意从一种对象或活动,指向另一种对象或活动上去。先后对象或活动的新异程度,吸引程度,以及个体对对象或活动的认识和兴趣等等,都会影响注意转移的迅速程度和难易程度。

注意的种类

注意包括有意注意和无意注意。

有意注意,是有预定目的、主动地为一定任务服务的注意。它是自觉的,并需要作出一定的努力。

无意注意,是没有预定目的,被动地、自然而然地发生的注意。它不需要作出任何努力。

注意力是智力的五个基本因素之一，是记忆力、观察力、想象力、思维力的准备状态，所以注意力被人们称为心灵的门户。由于注意，人们才能集中精力去清晰地感知一定的事物，深入地思考一定的问题，而不被其他事物所干扰；没有注意，人们的各种智力因素，观察、记忆、想象、和思维等将得不到一定的支持而失去控制。

3. 注意的特征

注意的范围

指在一瞬间能够清晰地把握多少对象,如有人逐字逐句地阅读,有人则能一目十行,这种差异和人的实践、知识经验有关。足球运动员的注意只盯在腾空的足球上,才能踢出符合战术要求的球来以战胜对手!

注意的稳定性

指在较长时间，注意保持在一定对象上，这是注意的时间特征。

注意的分配

指在同一时间内将注意分配到不同对象上去，即一心多用。如演奏乐器都是右手奏主旋律，左手伴奏还要相互配合。各种技能越熟练注意也越容易分配到更多的活动上去。

注意的转移

指人能够根据任务、要求及时地将注意由一个对象转移到另一个对象上去。青少年在学校里较好地完成学习任务是和他们能根据课表安排有计划地组织注意的转移及时稳定在新的科目上。不然的话很难顺利、高质量地完成任务。

注意的紧张度

指心理活动对某事物的高度集中，表现出强度上的特点。越是紧张注意的范围也越小,紧张持续的时间越长容易引起疲劳影响活动的效果。

4. 注意力不集中的原因

通常，注意力不集中有以下几个方面的原因：

生理原因

由于孩子大脑发育不完善，神经系统兴奋和抑制过程发展不平衡，故而自制能力差。这是正常的，只要教养得法，随着年龄的增长，绝大多数孩子能做到注意力集中。

病理原因

儿童存在轻微脑组织损害、脑内神经递质代谢异常，另外，有听觉或视觉障碍的孩子也会被误以为充耳不闻，不注意听或视若无睹。这些情况需要得到专科医师指导下的治疗才能改善。

环境原因

许多糖果、含咖啡因的饮料或掺有人工色素、添加剂、防腐剂的食物，会刺激孩子的情绪，影响专心度。此外，孩子的学习环境混乱、嘈杂、干扰过多也会影响孩子的注意力。

家长教育方式

家长可从这几方面自查：一是父母教养态度是否一致？二是否太宠爱孩子，使孩子缺少行为规范？三是否为孩子买过多的玩具或书籍？四家庭生活步调是否太快令孩子不能适应？五家里的活动是否太多，无法给孩子提供安静的环境？六学习的过程中是否积累了不愉快的经验？例如孩子程度跟不上老师家长的要求，孩子注意力不好时大人给予强化等。七孩子是否有情绪上的压力？是否过多的批评、数落孩子？

心理原因

为了引起他人注意，得到关注，或者为了逃避父母给予的过重的负担，便下意识地通过一些行为来达到目的。

过去我们认为注意力缺陷多动障碍与脑部前额叶相关。然而，事实上，大部分受注意力缺陷多动障碍困扰的人是由于小脑没有适当地发挥功能。在过去的 20 年中的研究发现，小脑发育不良的人同时有注意力缺陷多动障碍的症状。借由功能性扫描也发现注意力缺陷多动障碍患者的小脑活跃度很低。

5. 注意力不集中的矫治

在正常情况下，注意力使我们的心理活动朝向某一事物，有选择地接受某些信息，而抑制其它活动和其它信息，并集中全部的心理能量用于所指向的事物。因而，良好的注意力会提高我们工作与学习的效率。注意力障碍，主要表现为无法将心理活动指向某一具体事物，或无法将全部精力集中到这一事物上来，同时无法抑制对无关事物的注意。造成这种情况的原因比较复杂，许多较严重的心理障碍都可以引起注意力障碍。而对于学生来说，主要是由于学习负担重，心理压力过大，而造成高度的紧张和焦虑，从而导致了注意力无法集中的障碍。另外，睡眠不足，大脑得不到充分休息，也可能出现注意力涣散的情况。

因此，当你因注意力无法集中而影响学习，倍感苦恼时，不妨采用以下方法来矫治：

养成良好的睡眠习惯

一些同学因学习负担重，因此，一到晚上便贪黑熬夜，有的同学甚至在宿舍打电筒读书，学到深夜；有的同学不能按时睡眠，在宿舍和同学闲聊等等。结果早晨不能按时起床，即便勉强起来，头脑也是昏沉沉的，一整天都打不起精神，有的甚至在课堂上伏桌睡觉。作为学生，主要的学习任务要在白天完成，白天无精打采，必然效率低下。

所以，如果你是"夜猫子"型的，奉劝你学学"百灵鸟"，按时睡觉按时起床，养足精神，提高白天的学习效率。

学会自我减压

中学生的学习任务本来就很重，老师、家长的期望，又给同学们心理加上一道砝码；一些同学自己对成绩、考试等看得很重，无异是自己给自己加压，必然不堪重负，变得疲惫、紧张和烦躁，心理上难得片刻宁静。因此，我们要学会自我减压，别把成绩的好坏看得太重。一分耕耘，一分收获，只要我们平日努力了，付出了，必然会有好的回报，又何必让忧虑占据心头，去自寻烦恼呢？

做些放松训练

舒适地坐在椅子上或躺在床上，然后向身体的各部位传递休息的信息。先从左脚开始，使脚部肌肉绷紧，然后松弛，同时暗示它休息，随后命令脚脖子、小腿、膝盖、大腿，一直到躯干部休息，之后，再从脚到躯干，然后从左右手放松到躯干。这时，再从躯干开始到颈部、到头部、脸部全部放松。这种放松训练的技术，需要反复练习才能较好地掌握，而一旦你掌握了这种技术，会使你在短短的几分钟内，达到轻松、平静的状态。

做些集中注意力的训练

我国年轻的数学家杨乐、张广厚，小时候都曾采用快速做习题的办法，严格训练自己集中注意力。这里给大家介绍一种在心理学中用来锻炼注意力的小游戏。在一张有25个小方格的表中，将1－25的数字打乱顺序，填写在里面，然后以最快的速度从1数到25，要边读边指出，同时计时。

研究表明：7~8岁儿童按顺序导找每张图表上的数字的时间是30~50秒，平均40~42秒；正常成年人看一张图表的时间大约是25－30秒，有些人可以缩短到十几秒。你可以自己多制作几张这样的训练表，每天训练一遍，相信你的注意力水平一定会逐步提高。"培养良好注意品质，提高学生学习成绩"

6. 提高注意力的方法

注意力就是注意的能力。所谓"注意"是指心理活动对一定对象的指向和集中，指向性是指心理活动对客观事物的选择。举个简单的例子：机械照相机摄影时，取景框内有很多景物，根据需要拍摄时，则是取近，远不实；取远，近就虚。所谓"逐鹿者不见山"，也是这个道理。集中性是指人的心理活动在特定方向上的保持和深入，直到达到目的为止。

注意能力的差异是客观存在的，但也可以通过生活实践的锻炼而得到改善。怎样提高"注意力"呢？

明确目的任务

对学习的目的、任务有清晰的了解时，就会提高自觉性，增强责任感，集中注意力。即使注意力有时涣散，也会及时引起自我警觉，把分散的注意收拢回来。

克服内外干扰

克服内部干扰，除了要避免用脑疲劳，保证充足的睡眠外，还要积极参加体育活动，把自己调整到最佳状态；克服外部干扰，除了尽量避开影响注意的外界刺激外（如课上收起与上课无关的报刊杂志，在家写作业时关掉收录机或电视等），还应适当地有意锻炼自制力，培养"闹中求静"的心态，使注意能高度集中和稳定。

养成注意习惯

学习过程中，要会"自我提问"。为求答案，积极思考，保持高度注意，出现"走神儿"时，要会"自我暗示"，保持注意的稳定。学习临结束时，更要使注意保持紧张状态，决不能虎头蛇尾。俗话说"习惯成自然"，以养成良好的注意习惯入手，是全面提高注意力的捷径。

保持良好的注意力，是大脑进行感知、记忆、思维等认识活动的基本条件。在我们的学习过程中，注意力是打开我们心灵的门户，而且是唯一的门户，门开得越大，我们学到的东西就越多。而一旦注意力涣散了或无法集中，心灵的门户就关闭了，一切有用的知识信息都无法进入。正因为如此，法国生物学家乔治·居维叶说："天才，首先是注意力。"

7. 集中注意力的训练

注意力的集中作为一种特殊的素质和能力，需要通过训练来获得。那么，训练自己注意力、提高自己专心致志素质的方法有哪些呢？

运用积极目标的力量

这种方法的含义是什么？就是当你给自己设定了一个要自觉提高自己注意力和专心能力的目标时，你就会发现，你在非常短的时间内，集中注意力这种能力有了迅速的发展和变化。

同学们要在训练中完成这个进步。要有一个目标，就是从现在开始我比过去善于集中注意力。不论做任何事情，一旦进入，能够迅速地不受干扰。这是非常重要的。比如，你今天如果对自己有这个要求，我要在高度注意力集中的情况下，将这一讲的内容基本上一次都记忆下来。当你有了这样一个训练目标时，你的注意力本身就会高度集中，你就会排除干扰。

同学们知道，在军事上把兵力漫无目的地分散开，被敌人各个围歼，是败军之将。这与我们在学习、工作和事业中一样，将自己的精力漫无目标地散漫一片，永远是一个失败的人物。学会在需要的任何时候将自己的力量集中起来，注意力集中起来，这是一个成功者的天才品质。培养这种品质的第一个方法，是要有这样的目标。

培养对专心素质的兴趣

有了这种兴趣，你们就会给自己设置很多训练的科目，训练的方式，训练的手段。你们就会在很短的时间内，甚至完全有可能通过一个暑期的自我训练，发现自己和书上所赞扬的那些大科学家、大思想家、大文学家、大政治家、大军事家一样，有了令人称赞的注意力集中的能力。

同学们在休息和玩耍中可以散漫自在，一旦开始做一件事情，如何迅速集中自己的注意力，这是一个才能。就像一个军事家迅速集中自己的兵力，在一个点上歼灭敌人，这是军事天才。我们知道，在军事上，要集中自己的兵力而不被敌人觉察，要战胜各种空间、地理、时间的困难，要战胜军队的疲劳状态，要调动方方面面的因素，需要各种集中兵力的具体手段。同学们集中自己的精力，注意力，也要掌握各种各样的手段。这些都值得探讨，是很有兴趣的事情。

要有对专心素质的自信

千万不要受自己和他人的不良暗示。有的家长从小就这样说孩子：我的孩子注意力不集中。在很多场合都听到家长说：我的孩子上课时精力不集中。有的同学自己可能也这样认为。不要这样认为，因为这种状态可以改变。

如果你现在比较善于集中注意力，那么，肯定那些天才的科学家、思想家、事业家、艺术家在这方面还有值得你学习的地方，你还有不及他们的差距，你就要想办法超过他们。

对于绝大多数同学，只要你有这个自信心，相信自己可以具备迅速提高注意力集中的能力，能够掌握专心这样一种方法，你就能具备这种素质。我们都是正常人、健康人，只要我们下定决心，不受干扰，排除干扰，我们肯定可以做到高度的注意力集中。希望同学们对自己实行训练。经过这样的训练，能够发生一个飞跃。

善于排除外界干扰

要在排除干扰中训练排除干扰的能力。毛泽东在年轻的时候为了训练自己注意力集中的能力，曾经给自己立下这样一个训练科目，到城门洞里、车水马龙之处读书。为了什么？就是为了训练自己的抗干扰能力。同学们一定知道，一些优秀的军事家在炮火连天的情况下，依然能够非常沉静地、注意力高度集中地在指挥中心判断战略战术的选择和取向。生死的危险就悬在头上，可是还要能够排除这种威胁对你的干扰，来判断军事上如何部署。这种抗拒环境干扰的能力，需要训练。

我在你们这么大的年纪时曾有意做过这种训练。就是不管环境多么嘈杂，当我进入我要阅读和学习的科目时，对周围的一切因素置若罔闻。这是可以训练成功的。

善于排除内心的干扰

在这里要排除的不是环境的干扰，而是内心的干扰。环境可能很安静，在课堂上，周围的同学都坐得很好，但是，自己内心可能有一种骚动，有一种干扰自己的情绪活动，有一种与这个学习不相关的兴奋。对各种各样的情绪活动，要善于将它们放下来，予以排除。这时候，同学们要学会将自己的身体坐端正，将身体放松下来，将整个面部表情放松下来，也就是将内心各种情绪的干扰随同这个身体的放松都放到一边。常常内心的干扰比环境的干扰更严重。

同学们可以想一下，在课堂上，为什么有的同学能够始终注意力集中呢？为什么有的同学注意力不能集中呢？除了有没有学习的目标、兴趣和自信之外，还有一个就是善于不善于排除自己内心的干扰。有的时候并不是周围的同学在骚扰你，而是你自己心头有各种各样浮光掠影的东西。要去除它们，这个能力是要训练的。如果你就是想浑浑噩噩、糊糊涂涂、庸庸俗俗过一生，乃至到了三十岁还要靠父母养活，或者你就是想混世一生，那你可以不训练这个。但是，如果你确实想做一个自己也很满意的现代人，就要具备这种事到临头能够集中自己注意力的素质和能力，善于在各种环境中不但能够排除环境的干扰，同时能够排除自己内心的干扰。

节奏分明的处理学习与休息的关系

同学们千万不要这样学习：我这一天就是复习功课，然后，从早晨开始就好像在复习功课，书一直在手边，但是效率很低，同时一会儿干干这个，一会儿干干那个。十二个小时就这样过去了，休息也没有休息好，玩也没玩好，学习也没有什么成效。或者，你一大早到公园念外语，坐了一个小时或两个小时，散散漫漫，说念也念了，说不念也跟没念差不多，没有记住多少东西。这叫学习和休息、劳和逸的节奏不分明。

正确的态度是要分明。那就是我从现在开始，集中一小时的精力，比如背诵 80 个英语单词，看我能不能背诵下来。高度地集中注意力，尝试着一定把这些单词记下来。学习完了，再休息，再玩耍。当需要再次进入学习的时候，又能高度集中注意力。这叫张弛有道。一定要训练这个能力。

永远不要熬时间，永远不要折磨自己。一定要善于在短时间内一下把注意力集中，高效率地学习。要这样训练自己：安静的时候，像一棵树；行动的时候，像闪电雷霆；休息的时候，流水一样散漫；学习的时候，却像军事上实施进攻一样集中优势兵力。这样的训练才能使自己越来越具备注意力集中的能力。

空间清静

这个方法，非常简单，当你在家中复习功课或学习时，要将书桌上与你此时学习内容无关的其他书籍、物品全部清走。在你的视野中，只有你现在要学习的科目。这种空间上的处理，是你训练自己注意力集中的最初阶段的一个必要手段。同学们常常会发现这样生动的场面，你坐在桌子前，想学数学了，这儿有一张报纸，本来是垫在书底下的，上面有些新闻，你止不住就看开了，看了半天，才知道我是来学数学的，一张报纸就把你牵挂走了。或者本来你是要学习的，桌子一角的小电视还开着呢，看着看着，从数学王国出去了，到了张学友那儿了。这是完全可能的。甚至可能是一个小纸片，上面写着什么字，看着看着又想起一件事情。

所以，作为训练自己注意力的最初阶段，做一件事情之前，首先要清除书桌上全部无关的东西。然后，使自己迅速进入主题。如果你能够做到一分钟之内没有杂念，进入主题，你就了不起。如果你半分钟就能进入主题，就更了不起。如果你一坐在那里，十秒、五秒，当下就进入，那就是天才，那就是效率。有的人说，自己复习功课用了四个小时，其实那四个小时大多数在散漫中、低效率中度过，没有用。反之，你开始学习，一坐在那里，与此无关的全部内容置之脑外，这就是高效率。

清理大脑

收拾书桌是为了用视野中的清理集中自己的注意力，那么，你同时也可以清理自己的大脑。你经常收拾书桌，慢慢就会有一个形象的类比，觉得自己的大脑也像一个书桌一样。

大脑是一个屏幕，那里面也堆放着很多东西，一上来，将在自己心头此时此刻浮光掠影活动的各种无关的情绪、思绪和信息收掉，在大脑中就留下你现在要进行的科目，就像收拾你的桌子一样。

同学们，这样的训练希望你们从今天开始就要做，它并不困难。当你将思想中的所有杂念都去除的时候，一瞬间你就进入了专一的主题，你的大脑就充分调动起来，你才有才智，你才有发明，你才有创造，你才有观察的能力、记忆的能力、逻辑推理的能力和想象的能力。

如果不是这样，你坐在那里，十分钟之内脑袋瓜里还是车水马龙，还是风马牛不相及，还是天南海北，那么这十分钟是被浪费掉的。再有十分钟，不是车水马龙了，但依然是熙熙攘攘的街道，又十分钟过去了。到最后学习开始了，难免三心二意，效率很低。这种状态我们以后不能再要了，要善于迅速进入自己专心的主题。

对感官的全部训练

我们讲了清理自己的书桌，其实更广义说，我们可以进行视觉、听觉、感觉方方面面的类似训练。同学们可以训练自己在视觉中一个时间内盯视一个目标，而不被其他的图像所转移。你们可以训练在一段时间内虽然有万千种声音，但是你们集中聆听一种声音。你们也可以在整个世界中只感觉太阳的存在或者只感觉月亮的存在，或者只感觉周围空气的温度。这种感觉上的专心训练是进行注意力训练的有用的技术手段。

不在难点上停留

同学们都会意识到，我们理解的事物、有兴趣的事物，当我们去探究它、观察它时，就比较容易集中注意力。比如说我喜欢数学，数学课就比较容易集中注意力，因为我理解，又比较有兴趣。反之，因为我不太喜欢化学，缺乏兴趣，对老师讲的课又缺乏足够的理解，就有可能注意力分散。

在这种情况下，我们就有了正反两个方面的对策。正的对策是，我们要利用自己的理解力、利用自己的兴趣集中自己的注意力。而对那些自己还缺乏理解、缺乏兴趣的事物，当我们必须研究它、学习它时，这就是一个特别艰难的训练了。

首先，同学们听老师讲课的过程中，出现任何不理解的环节，你不要在这个环节上停留。这一点不懂，没关系，接着听老师往下讲课。你在研究一个事物的时候，这个问题你不太理解，不要紧，你接着往下研究。你读一本书的时候，这个点不太理解，你做了努力还不太理解，没关系，放下来，接着往下阅读。千万不要被前几页的难点挡住，对整本书望而止步。实际上，在你往下阅读的过程中可能会发现，后边大部分内容你都能理解。前边这几页你所谓不理解的东西，你慢慢也会理解。

如果你对这些内容还缺乏兴趣，而你有必要去研究它和学习它，那么，你就要这样想，兴趣是在学习、掌握和实践的过程中逐步培养的。

8. 保持注意力的方法

保持注意力的习惯能使你的学习和工作更有条理，如果你有定力地全神贯注投入学习或工作几个小时，一定会比不断分心的学习和工作一天取得更多的成果。那么，怎样才能保持注意力的集中呢？

杜绝干扰

在学习和工作中，周围的干扰足以让你在学习和工作中心神不宁。如喧嚷的环境，手机铃声等等都是随时打断你学习工作的干扰源，你需要杜绝它们。一般进入专注状态需要 15 分钟时间，如果每 5 分钟就要被打断一次，你又如何能够聚精会神？所以，专门划出时间来学习或工作，拔掉你的网线或者关掉即使通讯软件，告诉别人请勿打搅。

安排合适的工作场合

环境对你能否专注学习和工作有很大的影响。

明确目标和弄清任务要求：在学习和工作开始前应该清楚目标和要求，如果你连学习的目标或工作需要完成什么、需要达到什么要求都不知道，其后果是可以想像的。

理出头绪

清空你的大脑,脑中堆着一大摞任务只会让你难以全神贯注。在工作开始前,明确目标的同时,也花上几分钟为所有零碎的任务理出头绪分清秩序,否则你只会浪费时间去处理所有这些任务带来的混乱和冲突了。

指定时限

限时完成任务对于专注度的影响有好有坏。一个存在于意识中的时限能使你忘记琐碎的小事从而提升你的速度。时限也会令你陷入无法按时完成任务的焦虑而难以专心于手头实际的工作，所以建议只在这些情况下为自己设定时限：

任务时间有限

如果你需要在一天内完成一个可能花费几周时间的工作，就该为任务划分成块，分别设定时限，如此才能保证在短时间内完成任务的重要部分。

当你遇上那些非常容易扩展伸延的任务，如果你的任务很容易延伸扩展出其他的要求并不断产生子任务，时限可以使你更好地控制进度而不至于东奔西走陷入混乱。

避免拖延和耽搁

当你担心自己的困怠是否会耽误任务进度时，设定一个时限就是为自己安排了一个监工。

清除障碍

学习或工作中遇到棘手的问题，当你思路受阻时必定会心烦意乱难以专注。这时你就需要清除障碍，使你依然集中精神。

隔离自己

除非需要合作，那么就在学习时做个隐士，在闹哄哄的学习环境中隔离自己，构筑一个私人空间，直到学习完成再去与人闲聊攀谈。构建这样的环境才能使你更好地完成你的任务。

健康能够驱动头脑飞转

身体状况决定了专注程度。没人会指望一个醉醺醺的家伙能百分百地投入工作。长期睡眠不足；过度使用兴奋药物（比如咖啡因）；

酽饮浓食；摄入过多能量，这些都会影响你集中注意的能力。请戒绝其中某个不良的生活习惯，保持一个月，看看你的体质是否得到改善，只需要改变一丁点儿生活行为，就可以大幅提高专心能力。

9. 集中注意力的测试

下面我们将介绍几种心理训练方法,你不妨把它当做是游戏,在玩中培养你的注意品质,锻炼你的意志。如果持之以恒,一定会对你有益处的。

这些游戏都是为了提高人的注意力，只要有意识的把握增强注意的原则和方法，一定会成为自己注意的主人。

加算练习

这是一张用来测定人的性格类型的测验用纸。

在练习一栏内先掌握快速加算的方法，熟练后再正式加算练习。

方法是：把相邻的两个数字相加，将得数写在两数之间的空白处，得数超过 10，只写个位数，不写十位数。例如：$4 + 6 = 10$，只写 "0" 不写 "1"。

要求：

①要准确又要迅速，如发现写错了不用擦掉，在原地改一下。

②每一分钟加算一行，最初练习可以只做三分钟每周做 2~3 次，看加算量有无进步？错误是否减少？3 周后增加到 5 分钟，每周 3~4 次。

划消练习

用专用纸或加算表。

①每次也是一分钟快速划消一行。

②不是加算，而是将一行中的某数划去，不能漏划也不能错划。

③时间与次数同上。

④划消练习可以变换数字（如划 5、划 3），增加难度即划 5 时，5 前如有 3 或 6 则不划，否则算错，这样难度大了，要求多方面的注意

品质才能完成。

追视练习

练习1

①练习纸上有10条线交错在一起，必须迅速地从左向右追视每一条线，将起始的序号填在右端上，1分钟完成。

②每写对一根得1分，只能用目光追踪不得用手指或笔尖帮助。

练习2

在印有4个追视图的测验纸上，用同样的方法，4分钟内完成任务，最佳成绩应为40分。

舒尔特方格：

①在55厘米的方格内填有打乱了的1~25数字，要快速、准确地将每格内的数字一一指出共用5分钟。

①可以多准备几张练习纸，减少练习因素的影响。

神经系统灵敏度练习：

①在不同图形内写有被打乱的1~99数序，请你细心、迅速地依次找出。用口令开始，记下所用时间。

①这里是空白图形，请你认真仔细地多制作几张数序位置不同的练习纸。这样就可以两人一组进行练习了，这个方法也能观察人的观察力、记忆力、情绪控制能力及个人的神经类型特点。

参考成绩

等级	成人	少年
优	11~13分	11~15分
良	14~16分	16~18分
中	17~19分	19~23分
及格	20分以内	24分以内

第三章

学生的观察力教育培养

1. 什么叫观察力

观察力是人类智力结构的重要基础，是思维的起点，是聪明大脑的"眼睛"，所以有人说："思维是核心，观察是入门"。

首先，我们知道，一个正常人从外界接触到的信息有百分之八十以上都是通过视觉和听觉的通道传入大脑，通过观察获得的，没有观察，智力发展就好像树木生长没有了土壤、江河湖海没有了水的源头一样，失去了根本。

其次，观察力的发展离不开思维的进步，而思维是智力的核心。人们认识事物，都由观察开始，继而开始注意、记忆和思维。因而观察是认识的出发点，同时又借助于思维提高来发展优良的观察力。如果一个人的观察力低，那么他的记忆对象往往模糊而不确切、不突出，回忆过去感知过的事物时就常常模棱两可，记忆效果差。于是，在运用已有知识和经验进行分析和判断时就不能做到快速而准确，显得理不直、气不壮，综合分析和思维判断能力差，智力发展受影响，接下来，在以后的观察中，有效性、目的性、条理性差，观察效果不好，进一步影响思维的发展，形成不良循环。

再次，从生理和心理的角度来看，一个人如果生活在单调枯燥、缺乏刺激的环境中，观察机会少就会使脑细胞比较多地处于抑制状态，大脑皮层发育较缓慢，智力显得相对落后；相反，如果一个人经常生活在丰富多彩、充满刺激的环境中，坚持经常到户外，野外去观察各种事物和现象，大脑皮层接受丰富刺激，经常处于兴奋活动状态，其大脑的发育就相对较好，智力也较发达。

众所周知，人的身心发展除了一定的遗传作用外，更多受环境和教育的影响，因此，要想拥有一个智慧的头脑，就应该勇敢地拓宽视野，敢于观察，善于观察，为自己的智力发展开启一扇明亮的"窗户"，为自己的大脑赋予一双"聪明的眼睛"！

2. 观察力的主要特点

观察力的品质又称做观察力的特点。了解观察力的品质对提高智力有重要意义。

观察的目的性

一个人在进行感知时，如果没有明确的目的，那只能算是一般感知，不能称做观察。只有当那种感知活动具有明确的目的时，它才能算是观察。因此可以说，目的性是区分一般感知和观察力的重要特点之一。

作为观察的目的性，至少应当包括：明确观察对象、观察要求、观察的步骤和方法。而这些内容，可以在观察前的观察计划中以书面的形式写下来。一般地说，不论是长期的观察，系统的观察，还是短期的、零星的观察，都须制定观察计划。

观察的目的性，还要求我们在进行观察时，必须勤做记录。这种记录是我们保存第一手资料最可靠的手段。记录要力求系统全面，详尽具体，正确清楚，并持之以恒。贝弗里奇告诉我们："做详尽的笔记和绘图都是促进准确观察的宝贵方法。在记录科学的观察时，我们永远应该精益求精。"

实践证明，要做好观察记录，特别是长期的系统的观察记录（如观察日记），必须坚持到底，持之以恒。切忌为山九仞，功亏一篑。中国科学院副院长、气象学专家竺可桢在北京几十年如一日，对气候变化，进行长期观察，从不间断。他每天都坚持测量气温、风向、温度等气象数据，直到逝世的前一天。为编写《中国物候学》积累了丰富的资料。

观察的条理性

观察是一种复杂而细致的艺术，不是随随便便，漫无条理地进行所能奏效的。观察必须全面系统，有条不紊地进行。长期的观察需要如此，短期的观察也需要如此。

一般来说，有这样几种方式。

第一，按事物出现的时间说，可以由先到后进行观察。

第二，按事物所处的空间说，可以由远及近或由近及远地进行观察。

第三，按事物本身的结构说，可以由外到内，也可以由内到外，或者由上到下，由左到右，可以由局部到整体，也可以由整体到局部进行观察。

第四，按事物外部特征说，可由大到小或者由小到大进行观察。

观察力的条理性，可以保证输入的信息具有系统性、条理性，而这样的信息，也就便于智力活动对它进行加工编码，从而提高活动的速度与正确性。如果一个人做事杂乱无章，那通过他所获得的信息也就必然是杂乱无章的。这样，他的智力活动要在一堆乱麻中理出一个头绪来，必然要花费较多的时间和精力，甚至还可能影响到智力活动的正确性。

观察的理解性

观察力包含两个必不可少的因素：一是感知因素（通常是视觉），二是思维因素。

思维参与观察力的主要作用，它可以提高观察的理解性。理解可以使我们及时地把握观察到客体的意义，从而提高我们对客体观察的迅速性、完整性、真实性和深刻性。

在观察过程中，运用基本的思维方法，对事物进行有效地比较分类、分析、综合，找出它们之间的不同点和相同点，这样，就易于把握事物的特点。考察事物的各种特性、部分、方面以及由这些特性、部分、方面所联成的整体，就会使我们易于把握事物的整体和部分。

观察力的敏锐性

观察力的敏锐性指迅速而善于发现易被忽略的信息。科学家和发明家的可贵之处就在于此。牛顿根据苹果坠地发现了万有引力规律，瓦特根据水蒸气冲动壶盖发明了蒸汽机。在学习活动中，同学之间的观察力千差万别，同是一个问题，有的同学一眼就看出问题的要害和内在联系，有的同学则相反。敏锐性的高低是观察力高低的一个重要指标。

观察力的敏锐性与一个人的兴趣往往是密切相关的。不同的人在观观察同一现象时，会根据自己的兴趣而注意到不同的事物。兴趣可以提高人们观察力的敏锐性。例如，同在乡野逗留，植物学家会敏锐地注意到各种不同的庄稼和野生植物；而一个动物学家则又会注意到各种不同的家畜和野生动物。达尔文曾经谈到自己和一位同事在探测一个山谷时，如何对某些意外的现象视而不见："我们俩谁也没有看见周围奇妙的冰河现象的痕迹；我们没有注意到有明显痕迹的岩石，耸峙的巨砾……"显然，达尔文对各类生物的观察力是非常敏锐的，但对于地质现象却没有什么兴趣。

观察力的敏锐性是与一个人的知识经验密切相关的。一个知识渊博、经验丰富的人，他在错综复杂的大千世界中，自然容易观察到许多有意义的东西。相反，一个知识面狭窄、经验贫乏的人。他面对许多被观察的对象，总有应接不暇的感觉，而结果什么都发现不了。当然，知识对观察的敏锐性还有消极作用。有些人常常凭借知识对一些事物进行主观臆断。歌德曾说过："我们见到的只是我们知道的。"

观察力的准确性

正确地获得与观察对象有关的信息。在观察过程中，不只是注意搜寻那些预期的事物，而且还要注意那些意外的情况。

其次，是对事物进行精确地观察：既能注意到事物比较明显的特征，又能觉察出事物比隐蔽的特征；既能观察事物的全过程，又能掌握事物的各个发展阶段的特点；既能综合地把握事物的整体，又能分别地考察事物的各个部分；既能发现事物相似之处，又能辨别它们之间的细微差别。

再次，搜寻每一细节。一个具有精确观察力品质的人，他在观察事物的过程中，就会避免那种简单的、传统的、老一套的方式，选择那种不寻常的、不符合正规的、复杂多变的创新方式，这往往是富有创造力的表现。例如，让被试者在 30 分钟之内用 22 种不同颜色，一寸见方的硬纸片，拼成 24 厘米长、33 厘米宽的镶嵌图案时，创造能力高的人通常尝试用 22 种颜色，而较平凡的人则趋于简单化，利用颜色的种类较少。不但如此，创造能力较高的人所拼的图案，近乎奇特，无规律，不美观，他们不愿意依样画葫芦，仿拼任何普通图形，而愿意大胆地独出心裁，标新立异，不怕冒险，宁愿向通俗的形、色挑战。

各种观察力的品质在学习活动中有各自不同的作用。观察的目的性是学习目的性的一个有机组成部分，它保证我们的学习能够按照一定的方向和目标进行。观察的条理性，是循序渐进地从事学习的不可缺少的心理条件，它有助于我们获得系统化的知识。观察力的理解性可以帮助我们在学习中对由观察而获得的知识的理解，不致于生吞活剥，囫囵吞枣。为了获得某些看来平淡无奇，实际上意义较大的知识就必须具有敏锐的观察力。精确性可以帮助我们对所得到的知识深刻准确地领会，不致于似是而非，以假乱真，错误百出，纵漏丛生。在学习中，我们必须把观察力的各种品质结合起来，按照预定的目标去获得系统的、理解的、深刻的、真实可靠的感性知识。

3. 观察的巨大作用

观察是人们认识世界、增长知识的主要手段，它在人们的一切实践活动中都具有非常重要的作用。观察力是智力活动的源泉和门户，人们通过观察，获得大量的感性材料，获得有关事物的鲜明而具体的印象，经思维活动的加工、提炼，上升到理性认识，从而促进智力的发展。达尔文曾对自己的工作做过这样的评价："我没有突出的理解力，也没有过人的机智，只是在觉察那些稍纵即逝的事物并对其进行精细观察的能力上，我可能在众人之上。"俄国伟大的生理学家巴甫洛夫在他实验室建筑物上刻着："观察、观察、再观察。"

观察是一种有计划、有目的、较持久的认识活动，科学研究、生产劳动、艺术创造、教育实践都需要对所面临的对象进行系统、周密、精确、审慎的观察，从而探寻出事物发展变化的规律。

翻开名人传记，不难发现，人类历史上，尤其是科学发展史上的成功人物大都具备优良的观察力：

意大利科学家伽利略，就是从观察教堂里铜吊灯的摇曳开始，经过实验研究，发现了摆的定时定律；伟大的生物学家、进化论的创始人达尔文从小热衷于观察动、植物，坚持二十年记观察日记，写出《物种起源》；

伟大物理学家牛顿从孩提时代起就喜欢对各种事物进行仔细观察，而且力图透过现象看本质，把不懂的地方彻底弄明白。狂风刮起时，人们都躲进屋里，牛顿却顶着沙石冲出门外，一会儿顺风前进，一会儿逆风行走，实地观察顺风与逆风的速度差；

英国发明家瓦特正是从对烧开的水顶动壶盖的观察中琢磨出蒸汽

机的基本原理，而由此带来一场深刻的资本主义工业革命的；

我国明代名医李时珍幼年时就爱观察各种花卉、药草的生长过程，细致地察看它们如何抽条、长叶、开花，花草的每一处细微变化都逃不过他的眼睛。正由于这种观察细致的严谨作风，使他得以纠正古代药草书中的很多错误，而写出流芳百世的《本草纲目》……

通过诸如此类、数不胜数的实例，我们可以发现，多听、多看、锻炼感官、积累感性知识，是观察力得以发展的前提。观察的过程也恰恰是以感知为基础的，但并不是任何感知都可称为观察。真正的有效的观察过程既包含感知的因素，也包含思维的成分，如果在观察过程中不注意锻炼思维能力，那么观察也只是笼统、模糊和杂乱的，既不可能抓住事物的主要特征，更不可能作出科学的判断。

总之，靠自己的感官，有目的、有计划、主动地去感知，并且只有将感知与思维相结合，才是真正的观察，而这种观察现象、抓住本质的能力，才是真正的良好的观察力。

正因为在观察中思考、思考与观察相结合，达尔文、牛顿等科学家们才真正抓住了那些别人眼中"稍纵即逝的事物"，做出重大发现。

4. 怎样提高观察力

提高观察力的方法很多，具体可以分为以下几种：顺序转换法、求同找异法、追踪法、破案法、随感法、观察日记法、任务法、列项划勾法、个体差异法、中心单元法、边缘视觉法等。

顺序转换法

观察要得法，首先就得学会有计划、有次序的顺序查看，从不同角度、不同顺序上去观察同一事物或用同一顺序观察不同事物，从而把握观察对象的整体和实质。

观察顺序，首先指的是被观察事物的不同空间顺序，如从上到下、从左到右、从东到西，从近及远等；观察顺序，还可指被观察事物的不同结构组成部分的次序，如从头到尾、由表及里，从整体到部分再到整体。所以，观察同一事物，既可以依循其空间顺序，也可以从其不同结构次序入手，获取的信息不同，认识事物的角度也不同。

比如，观察一尾金鱼，从整体顺序来看，其叶菱形，分为上头、中躯、下尾三个部分，鳃以前是头部，肛门以后是尾部，而鳃和肛门之前便是躯干。从局部结构来看，以头为例，其前端有口，两侧有鼓起的眼袋和眼睛，眼的前面有两个鼻孔，两侧还各有一片鳃盖，鳃盖后缘掩住鳃孔，能开合，与口的运动互相一致配合，让水不停地由口流入，由鳃排出，尾翼长，肚子大，颜色鲜。经过这种顺序地有步骤观察，就可以获得一个完整、清晰的观察印象。

用不同顺序观察不同类事物，往往采用从整体到部分，再从部分到整体的顺序分析法。如观察街景、公园、山色等自然景象，多采用由近及远或由远及近的方位顺序法；而观察某一事件，则必须按照开头（起因）到中间（经过）再到结果的时间发展顺序。

求同找异法

求同找异法就是认真观察和研究观察对象，找出其同类事物之间的异同，并分析其间的关系，其意义在于提高观察者的观察分析、思考、概括、归纳能力。例如对蜜蜂进行观察，必须会注意到蜜蜂那神奇的触角和善于舞蹈的多条脚，由此，引发出观察蚂蚁、蜗牛、蜘蛛、蜻蜓等动物的兴趣。在观察这些昆虫家族的秘密时，自会发现这些昆虫有的有触角，有的短而小，有的没有触角，有的昆虫有翅膀，有的有甲壳（如瓢虫），有的没有。通过这种求同找异法，比较同类事物之间的异同，进一步观察、进一步比较的积极性就会自然产生。

追踪法

追踪法又可称为间断观察法，即在不同时间、不同条件下对同一事物进行间断地、反复地追踪观察，以了解事物的发展变化过程，掌握规律，而对类似情况作出准确分析和判断。比如，用一个月的时间观察月亮阴晴圆缺的情况。

追踪法的成功实施要靠注意力的长期稳定来实现，而注意力所指向的并不仅仅是观察活动这一事件本身，而更多是在所观察对象变化发展的规律。

因此，运用追踪法进行观察，不是囫囵吞枣，而是运用大脑，经过筛选、比较、分析，从而得出符合规律的客观认识。

破案法

破案法就是从某一观察的现象、线索中的疑问之处入手，进行探索性的观察，分析找出问题的原因，发现解决问题的办法。

比如瓦特有一次诡看到暖瓶塞被顶开掉到地上了，他想，暖瓶塞子为什么会被冲开？是什么把它冲开的？它究竟有多大的冲力？带着这些问题，进一步观察，分析和实验，终于受此启发，瓦特发明了世界上第一台蒸汽机。

再如，有一个叫焦涤非的人，他念小学三年级时，一次其父带他到铁路边，平时很爱观察的焦涤非发现铁轨是一节一节连接在一起的，他想，为什么不用一根长长的铁轨却在连接处留下一道道缝子呢？于是他问其父，其父答道："因为钢铁会热胀冷缩，如果用一根长长的铁轨或接头处不留缝隙，那么铁轨在炎热的夏天就会膨胀变形，七拱八弯的，若不信，你可以自己测量测量。"在父母的支持和帮助下，焦涤非通过观察测量发现，温度的变化，很有规律，气温每下降 $11℃$，间隙就增大一毫米。经过近一年的观察，他详细做了观察记录，同时还写出了铁轨热胀冷缩的观察报告，获得了全国征文比赛优秀奖。

更重要的是，通过这一年的观测活动，他不仅掌握了中学阶段的物理知识，而且对观察和自然科学实验的兴趣大大增强了。

随感法

随感法是最简单，也最基本的观察积累手段。它的形式为随看随记，随想随记。它可长可短，字数不定，形式自由。例如，观察养蚕，随看随记，某年某月蛾卵由黄变黑。

某年某月某日，小蚕破壳而出。某月某日，第一次蜕皮。某月某日第二次蜕皮。某月蚕身由黑变白，某月某日，蚕身由白变亮。某月某日，开始吐丝织茧，某日茧成。某日茧破蛾出，某日雌雄蛾子交死，某日产卵。此时，如若翻开随记，就会发现自己拥有了第一手资料。

随感习惯的养成和巩固，可以丰富观察内容，提高观察兴趣。

观察日记法

随着观察材料的不断积累和丰富，简单的随感式摘记显得过于简单，这时就需要记写观察日记了。

世界著名生物学家达尔文从小就具有十分出色的观察力，这和他舅舅常鼓励他记观察日记分不开的。当时，达尔文已经对自己搜集的标本做了一些简单记录，有的还附有简单插图，可是舅舅对他说，"只做摘记是不够的，要把你自己当作一个画家，但不是用颜色和线条，而是用文字。当你描述一种花，一种蝴蝶，一种苔藓的时候，你必须使别人能够根据你的描述立刻辨认出这种东西来。为了搞好科学研究，你必须进一步提高你的文字表达能力，要像莎士比亚那样用文字描绘世界、叙述历史、打动人心。"

我国古代地理学家徐霞客就是一个善于观察和坚持写观察日记的科学家，他遍走我国的名山大川，仔细观察和考察，晚年他把自己的观察日记整理出来，终于留下了光辉的科学著作《徐霞客游记》。

任务法

未经过训练的人在观察时，往往注意力不集中，东看看，西瞧瞧，容易受不相干事物的干扰，忘记了观察目的。因此，在观察训练的初期，在观察活动之前，应适时地给自己或训练对象提出一些要求，下达一定的任务，确立一定的观察目的，使观察有计划地进行。如观察对象有什么特征？周围的环境怎么样？有什么变化？等等。

任务法是比较常用和易行的方法，它有利于观察计划的顺利实现。

列项划勾法

列项划勾法是任务法的进一步深化，具有更强的实际操作性。

在明确观察任务和目的后，可以给自己列出一个转绕观察任务的项目表，恰似上街购物前的"购物提示"，它能够促进使训练者有计划、有目的地观察相关内容。

列项划勾法在每一次观察结束后，实际已保留了较完整、较全主要特征法。

所谓主要特征法就是观察事物时，认准被观察对象的主要现象和特点。这是针对一些人在观察时通常分不清观察中的主要现象和次要现象，或者总是注意那些有趣的、奇特的、自己喜爱看的现象而忽视主要内容而言的。

比如，我们观察一只乌龟，如果问"乌龟的主要特征是什么？"，可能不少人会说乌龟有两只小眼睛、短尾巴、四只脚和身子藏于甲壳之下，其实不对，乌龟的特征在于其背壳，四只脚两只小眼和短尾巴等这些都是其他许多爬行类动物的共同特征，而非乌龟所特有，因此乌龟背壳的硬度、形状、花纹才是观察的重点。

再如，我们观察一只公鸡，观察重点是什么呢？应该是重点观察鸡冠和羽毛颜色、大小，因为这是与母鸡相区别的特征。观察鸭子，重点自然应放在脚蹼和羽毛的不湿水性上，因为这是鸭子区别于鸡的重要特征。

个体差异法

所谓个体差异法，就是在对同类事物进行观察时，抓住其个体特征。例如，同样是军官，同样是被逼上梁山，而林冲和杨志却是截然不同的两种心态和两种性格，这就是他们的个体差异。

在实际观察中，我们面对的更多是一个个体，这一个体除了具有同类事物的类别特征外，更重要的是具有其个体特征。因而，要使观察进一步深入、细致、具体事物具体分析，必然抓住事物的个体差异。

相传，欧洲大文豪福楼拜在向契诃夫介绍自己的写作经验时，曾要求契诃夫走过每一个大门时，观察每一个守门人，并把他们记录下来，福楼拜说："我要你写每一个守门人，不是让你找出这个守门人和其他所有守门人的不同点，他的面貌、他的眼神、他的动作都是他所独有的。我让你记录每一个守门人，要让别人能从所有守门人中一下子找出他来。"福楼拜的话道出了观察中"个体差异法"的实质内容。

中心单元法

所谓"中心单元法"，即围绕某一观察对象或内容开展一系列观察活动，以求完整、准确地把握和理解事物的现象和本质。

例如，观察种子发芽成苗的这一过程，围绕种子是怎样发芽的这一中心，设计出一系列的观察活动。比如什么时间种子长出根？什么时候张开瓣？叶子什么时候长出？颜色怎么样？每天需浇多少次水？

中心单元法贵在围绕"中心"坚持下去，否则无法获得对事物的完整印象和深入了解。

边缘视觉法

一个观察力不够准确的人，常常是只见树木，不见森林。相反，观察力准确性较高的人，既能把握事物的整体，又能敏感地观察到事物的细节。这一能力需要观察者具有较广泛的视觉范围，又有较高的视觉敏感度，为此，可进行边缘视觉法训练。

所谓的"边缘视觉"，就是先保持固定的目光聚焦，凝视正前方，同时又用眼观望四周，但不是以头的扭动或转向而带动目光去看，而是用眼睛的余光。原来，在人的视敏度很高的中央视觉区外缘，还有一块很大的，相对来说尚未被充分利用的视觉区域，就叫做边缘视觉。而人的视网膜上，只有一小部分处于敏感的中央区，其余则都在边缘视觉地带。因此，对边缘视觉的开放和训练，可以大大提高视觉的感受力范围和感受性程度，对视察完整性和准确性训练大有帮助。

边缘视觉，非常具有开发价值，它能使观察者对自己感兴趣的事物特别敏感，而且也善于捕捉他人易忽视的细节或事物的某些特征。比如，从杂乱无章的复杂环境中选认出自己所找或选认的事物，靠的就是边缘视觉。一个边缘视觉良好、观察敏感度高，又对汽车有浓厚兴趣的人能对身边一驰而过的汽车，准确地说出车名、车型及车的显著特征。

在进行边缘视觉训练时，要注意既看清事物整体，又要把视觉敏感的中央区对准需要进行细致观察的部分，要眼观六路耳听八方，又要抓住关键和要害，一目中的。

5. 培养观察力的方法

人的观察力并非与生俱来，而是在学习中培养，在实践中锻炼起来的，特别是对学习自然科学的人来说，观察力尤其重要。同学们要从小养成自觉地、认真地观察各种自然现象的习惯、兴趣和能力。通过直接体验，积累对自然现象的感性认识，培养对事物进行科学观察的能力和习惯。

为了有效地进行观察，更好地锻炼观察力，掌握良好的观察方法是必要的。

确立观察目的

对一个事物进行观察时，要明确观察什么，怎样观察，达到什么目的，做到有的放矢，这样才能把观察的注意力集中到事物的主要方面，以抓住其本质特征。目的性是观察力的最显著的特点，有目的观察才会对自己的观察提出要求，获得一定深度和广度的锻炼；反之如果东张西望，左顾右盼，对事物熟视无睹，你的观察力就得不到锻炼。例如，你想要办一个新的商店，需要从别的商店获得一些商品陈列的经验，此时，你去观察一定带着目的性。只有带着目的性的观察才是有效的观察，才能尽快提高自己的观察力。

制订观察计划

在观察前，对观察的内容做出安排，制订周密的计划。如果在观察时毫无计划，漫无条理，那就不会有什么收获。因此，我们进行观察前就要打算好，先观察什么，后观察什么，按部就班，系统进行。观察的计划，可以写成书面的，也可以记在脑子里。

培养浓厚的观察兴趣

每个人由于观察敏锐性的差异，在同一件事物的观察上出现不同的兴趣，注意到不同事物或同一事物的不同特点。因此，培养浓厚的观察兴趣是培养观察能力的重要前提条件。为了锻炼观察能力，必须培养每个人广泛的兴趣，这样才能促使人们津津有味地进行多样观察。同时，还要有中心兴趣。有了中心兴趣，就会全神贯注地对某一领域进行深入的观察。

有的同学喜欢观察星空，特别是对银河、火星、月亮等观察兴趣很浓，能长期坚持并写出观察日记。这样就可以增长知识，打开思路。有的同学对植物很有兴趣，注意观察植物的生长过程，从播种、发芽到发育、成熟，并做了大量观察日记。教师也经常给以指导，辅助以必要的知识。这样做不仅极大地培养了学生们的观察兴趣和持久的观察力，也提高了他们对事物发展全过程的表达能力。

6. 训练观察力的步骤

要锻炼观察力，应从身边的事物、所处的环境、人的特点着手。比如：你家里的桌子的位置有轻微变化、你的一个新朋友的眼皮是内双的、今天路上的车辆比以往少了一点（从此你可以去推断为什么少，发生了什么）、餐厅见的某个陌生人是个左撇子、你周围的人的表情，穿着……等等。

观察是一种用心的行为，而非随随便便地"看"。观察一个楼梯，你可以算它的级数、高低，光是看的话，你可能只是记得：它是一个楼梯。在初练观察力时，最好养成有意识的观察，针对一个平凡无常的事物，你应有意地细微地观察它所具有的特征，注意常人难以发现的地方。再有，通过对比也是训练观察力的好方法。如：今天和昨天的窗户上的灰尘有什么变化、股市的变化并推测其未来趋势。观察，不仅要观察其内在本质，也要着重于发现事物的变化。总之，持有一颗观察的心并付诸实践，长此以往，便可以训练出潜意识的观察能力，即：对于什么事物，都会习惯性地去观察。这是一种好习惯。下面是训练观察力的五个方法。

静视

首先，在你的房间里或屋外找一样东西，比如表、自来水笔、台灯、一张椅子或一棵花草，距离约60厘米，平视前方，自然眨眼，集中注意力注视这一件物体。默数60~90下，即1~1.5分钟，在默数的同时，要专心致志地仔细观察。闭上眼睛，努力在脑海中勾勒出该物体的形象，应尽可能地加以详细描述，最好用文字将其特征描述出来，然后重复细看一遍，如果有错，加以补充。

其次，你在训练熟练后，逐渐转到更复杂的物体上，观察周围事物的特征，然后闭眼回想，重复几次，直到每个细节都看到。可以观察地平线、衣服的颜色、植物的形状、人们的姿势和动作、天空阴云的形状和颜色等。观察的要点是，不断改变目光的焦点，尽可能多地记住完整物体不同部分的特征，记得越多越好。在每一分析练习之后，闭上眼睛，用心灵的眼睛全面地观察，然后睁开眼睛，对照实物，校正你心灵的印象，然后再闭再睁，直到完全相同为止。还可以在某一环境中关注一种形状或颜色，试着在周围其他地方找到它。

再次，建议你然后再去观察名画。必须把自己的描述与原物加以对照，力求做到描写精微、细致。在用名画作练习时，应通过形象思维激发自己的感情，由感受产生兴致，由兴致上升到心情，这样，不仅可以改善观察力、注意力，而且可以提高记忆力和创造力。因为在你制作新的心中的形象的过程中，你吸收使用了大量清晰的视觉信息，并且把它储藏在你的大脑中。

行视

以中等速度穿过你的房间、教室、办公室，或者绕着房间走一圈，迅速留意尽可能多的物体。回想，把你所看到的尽可能详细地说出来，最好写出来，然后对照补充。在日常生活中，眼睛像闪电一样看。可以在眨眼的功夫，即 01 ~ 04 秒之间，去看眼前的物品，然后回想其种类和位置；看马路上疾驶的汽车牌号，然后回想其字母、号码；看一张陌生的面孔，然后回想其特征；看路边的树、楼，然后回想其棵数、层数；看广告牌，然后回想其画面和文字。所谓"心明眼亮"，这样不仅可以有效锻炼视觉的灵敏度，锻炼视觉和大脑在瞬间强烈的注意力，而且可以使你从内到外更加聪慧。

抛视

取 25 块到 30 块大小适中的彩色圆球，或积木、跳棋子，其中红色、黄色、白色或其他颜色的各占三分之一。将它们完全混合在一起，放在盆里。用两手迅速抓起两把，然后放手，让它们同时从手中滚落到沙发上，或床上、桌面上、地上。当它们全部落下后，迅速看一眼这些落下的物体，然后转过身去，将每种颜色的数目凭记忆而不是猜测写下来。检查是否正确。重复这一练习 10 天，在第 10 天看看你的进步。

速视

取 50 张 7 厘米见方的纸片，每一张纸片上面都写上一个汉字或字母，字迹应清晰、工整，将有字的一面朝下，也可用扑克牌。取出 10 张，闭着眼使它们面朝上，尽量分散放在桌面上。现在睁眼，用极短的时间仔细看它们一眼，然后转过身，凭着你的记忆把所看到的字写下来。紧接着，用另 10 张纸片重复这一练习。每天这样练习三次，重复 10 天。在第 10 天注意一下你取得了多大进步。

统视

睁大你的眼睛，但不要过分以至于让你觉得不适。注意力完全集中，注视正前方，观察你视野中的所有物体，但眼珠不可以有一点的转动。坚持 10 秒钟后，回想所看到的东西，凭借你的记忆，将所能想起来的物体的名字写下来，不要凭借你已有的信息和猜测来作记录。重复 10 天，每天变换观察的位置和视野。在第 10 天看看你的进步。

7. 锻炼观察力的技巧

若想训练出好的观察力，技巧非常重要，下面列举的技巧都是人们在长期的实践中掌握的切实可行的方法，适合初学者学习。

重复观察法

为了避免纰漏和似是而非的错假现象，求得对所观察对象的精确和深刻，重复对同一事物或现象的观察是非常必要的。特别是对那发生或发展特别快或有其它干扰的事物或现象的观察时。由于我们观察的感应速度难以跟上或注意力容易被干扰，如老师在氯气和氢气的化合试验时，有的同学可能被镁条燃烧时发出的强光干扰而影响对试验发生的反应现象的观察。像这样的情况就必须重复多次进行观察。

比较观察法

在观察两种相近或相似的事物或现象时，通过比较观察，找出它们之间的异同，抓住它们的本质特征，以获得清晰的认识，这种方法在我们的学习中也是应用比较广泛的。例如有的同学在这用 $(a+b)^3$ $=a^3+3a^2b+3ab^2+b^3$ 和 $(a-b)^3=a^3-3a^2b-3ab^2-b^3$ 这两个公式时经常出错，特别是 $(a-b)^3$，但将两个公式放在一起比较时就会发现：$(a-b)^3$ 的展开式中带"—"号的项恰好是"b"的奇数次幂项。在其他各学科中运用比较法也同样可取得很好的效果。

借助仪器观察法

在我们生活和学习的周围环境和宇宙空间中，有许多的事物是我们难以或不能直接用我们的身体器官观察得到的，或者由于人的感官在观察时在精度和速度等方面在本身存在的局限性，所以借助仪器进行观察是非常必要和必需的。由于显微镜的发明和使用，揭开了微生物世界物秘密空间，并创立了细胞学说；由于天文望远镜、人造卫星及宇宙飞船的应用，增强了人类对地球本身和宇宙空间的了解，开阔了人们的视野和探索空间。

自然观察法

对在自然状态下的观察对象进行观察。春游时，对山峦河流、地形树貌、民俗风情、文物建筑、田园风光的观察，配合植物学和动物学的学习，在大自然或植物园、动物园中观察多种多样活生生的动物和植物，都是运用的自然观察法。我国宋朝画家文同，擅长画竹，这主要得益于他坚持对竹进行"自然观察"。他在居室窗外栽种一片竹林，朝夕观察揣摸，脑海中保留着鲜明生动的竹子形象，挥毫作画里总是"胸有成竹"。

分解观察法

就是把被观察对象的各种特征。各个方面或各个组成部分一一分解开来，认真进行观察。这样的观察，可以使我们对事物了解得更加精确。例如观察直圆柱：这个形体是什么形状？有几个底面，是什么形状？有几个侧面，展开是什么形状？两个底面之间相等吗？通过这样解剖观察后，就能把握直圆柱的主要特征：直圆柱的两个底是相等的圆，它的侧面展开是一个长方形。又如"赢"字，学生不易掌握其字形，但如果进行解剖观察，分解为"亡、口、月、贝、凡"便容易得多了。

历史观察法

即按事物进行观察的方法，它以时间变化为特征。世界上的一切事物包含在一定的时间与空间关系之中。任何事物的发展变化都和一定的过程和时间顺序。习惯上，把短时间的变化称为过程性的发展变化。

移位观察法

就是观察者在不固定位置对客观事物进行的不固定的观察，其特点是观察处于活动变化的状态。这种观察可以是观察者的移位，也可以是观察对象的移位，其观察点在不断发生变化，是一种动态性观察，这种观察往往是有选择的，它的变化特点是以空间变化为标志。

另外，还有长期观察法、隐蔽观察法、时序观察法、综合观察法、多角度观察法和追踪观察法等等。在这里就不多说了。总之，要提高观察能力，既要养成良好的观察习惯，又必须掌握科学的观察方法。

8. 观察在学习中的运用

观察是获得知识的第一环节

通过观察首先可以获得对事物的感性认识，而通过对感性认识的不断积累综合和思考，最终将升华为理性知识，所以说观察是人类智力活动的源泉。著名生物学家达尔文曾说过：我既没有突出的理解能力，也没有过人的机智，只是在对事物的观察能力上可能在众人之上。

准确的观察力是纠正或者发现错误的重要根据

人们之所以能发现戴嵩的《斗牛图》中"牛尾高翘"的错误，就是平时准确的观察事实。在科学历史上新发现和技术革新，都是通过准确的观察后，从对前人的学说或事物的现象产生怀疑而开始的，例如哥白尼之所以能创立"日心说"，就是因为他通过长期的、准确的观察发现了"地心说"的许多谬误；有关物体重量与降落速度的关系，在伽利略的倾塔实验之前人们都错误地认为：物体降落的速度与重量成正比关系，是伽利略通过大量的实验纠正了这一错误认识。同样，作为一个侦探，拥有观察力，也便能很好的发现不同寻常的东西，使之成为线索，直逼真相！

敏锐的观察力是捕捉成功机遇的重要条件

机遇是出乎人们意料的好的境遇和机会。意外的机遇往往成为某件事情成功的契机。在科学技术的发展历程中，由于机遇的降临而引出的新发现和发明的就有很多，青霉素就是英国的细菌学家沸莱明在一个偶然的机会里发现的，他后来曾说过，我唯一的功劳就是没有忽视观察，由此可见敏锐的观察力在科研工作中的重要，当然在我们的侦探学习中也需要有敏锐的观察能力。

9. 观察力的测试

你会注意到一些被人们忽视的东西吗？很多人对于新奇的、刺激的东西都很容易就会注意到，比如，你家门口停了一辆高级的轿车，你肯定会注意到。但是每天看到的一些东西呢？其实你往往会熟视无睹，不相信吗？那就来测试一下吧！

（1）妈妈的头发是什么颜色的？

（2）爸爸的自行车或汽车是什么牌子的？

（3）你的同桌比你高还是比你矮？

（4）妈妈戴结婚戒指吗？

（5）你家洗衣机是几升的？

（6）你们家客厅挂了几张画？

（7）你最喜欢的一本书是什么出版社出版的？

（8）你家牙膏是什么牌子的？

（9）你的卧室是正方形的吗？

（10）妈妈经常给你买的面包是什么牌子的？

（11）爸爸每天回家后第一件事是什么？

（12）你家种了几盆花草？

（13）你家阳台是封闭的还是不封闭的？

（14）你的朋友当中谁最胖？

（15）妈妈最常穿的衣服是什么颜色的？

在以上问题中，答对一个计一分，如果你得分在10分以上，那么恭喜你了，你是一个超级观察家，任何东西都别想从你的眼前溜走！得分在5至10分的，你的观察力也相当地好。得分在5分以下，你就要好好锻炼观察力了。

其实，如果你的观察力不怎么好，也不用气馁，只要掌握提高观察力的方法，就一定能行。

第四章

学生的记忆力教育培养

1. 什么叫记忆力

记忆力是识记、保持、再认识和重现客观事物所反映的内容和经验的能力。

人们在在漫长的社会生活与学习中需要记忆来学习和工作，但人的记忆却因人的个体差异不同其记忆的好坏也不同。根据学术界上对记忆的一般性结论，人的记忆力的好坏有很大差距，这种差距通过人的记忆分类我们就更容易看清。

2. 记忆的分类

按方式分类

记忆，按方式可分为概念记忆和行为记忆。所谓的概念记忆，就是对某一事物的回忆。如，科技是第一生产力，大象的体重很重，等。这些只是概念上的回忆。

所谓的行为记忆，就是对某一行为、动作、做法或技能等的回忆。这种记忆极少会忘记，因为都涉及具体行动的。如，踩单车、游泳、写字或打球等。关于这些的记忆，或许很久不用的话会生疏，但极少会遗忘。

据说，人的大脑的记忆能力，相当于 1500 亿台 80G 电脑的存储量。觉得记东西难，可能只是困、累，或精神不佳。

根据持续时间分类

对记忆最基本的、也是被广泛接受的分类，是根据记忆持续的时间将其分为三种不同的类型，即感觉记忆、短时记忆和长时记忆。

短期记忆。短期记忆模型在过去 25 年里面为"工作记忆"所取代，有三个系统组成，即空间视觉形成的短期视觉印象、声音回路储存声音信息，这可以通过内在不断重复长时间存在和中央执行系统管理这两个系统并且将信息与长期记忆的内容建立联系。

长期记忆。记忆的内容不但是按主题，而且按时间被组织管理。一个新的经验，一种通过训练得到的运动模式，首先去到工作记忆作短期记录，在此信息可以被快速读取，但容量有限。出于经济原因考虑，这些信息必须作一定清理。重要的或者通过"关联"作用被联想在一起的信息会被输送到中长期记忆。不重要的信息会被删除。

记忆内容越是被频繁读取，或是一种运动被频繁重复进行，反馈就越是精细，内容所得的评价会提高，或是运动被优化。后面一点的意思是，不重要的信息会被删除，或是另存到其他位置。记忆的深度一方面和该内容与其他内容的连接数目，另一方面与情感对之的评价有关。

根据记忆内容分类

根据记忆内容的变化，记忆的类型有：形象记忆型、抽象记忆型、情绪记忆型和动作记忆型。

形象记忆型是以事物的具体形象为主要的记忆类型。

抽象记忆型也称词语逻辑记忆型。它是以文字、概念、逻辑关系为主要对象的抽象化的记忆类型，如，"哲学"、"市场经济"、"自由主义"等词语文字，整段整篇的理论性文章，一些学科的定义、公式等。

情绪记忆型，情绪、情感是指客观事物是否符合人的需要而产生的态度体验。这种体验是深刻的、自发的、情不自禁的。所以记忆的内容可以深刻的牢固的保持在大脑中。

动作记忆型动作记忆是以各种动作、姿势、习惯和技能为主的记忆。动作记忆是培养各种技能的基础。

根据感知器官分类

感知器官包括视觉记忆型视觉记忆型、听觉记忆型、嗅觉记忆型、味觉记忆型、肤觉记忆型和混合记忆型等。

视觉记忆型是指视觉在记忆过程中起主导作用的记忆类型。视觉记忆中，主要是根据形状印象和颜色印象记忆的。

听觉记忆型是指听觉感知在记忆过程中起主导地位的记忆类型。

嗅觉记忆型是指嗅觉感知在记忆过程中起主导地位的记忆类型。嗅觉记忆是常人都具备的一种记忆。

味觉记忆型是指味觉感知在记忆过程中起主导地位的记忆类型。味记忆也是常人都具备的一种记忆。

肤觉记忆型是指肤觉感知在记忆过程中起主导地位的记忆类型。

混合记忆型是指两种以上（包括两种）感知器官在记忆过程中同时起主导作用的记忆类型。

保持时间的分类

科学家们根据信息论的观点，根据记忆过程中信息保持的时间长短不同，将记忆分为短期记忆和长期记忆两个保持阶段。并通过一系列实验，进一步将这两个阶段分为：瞬时记忆、短时记忆、长时记忆和永久记忆四种。

意识类型的分类

按心理活动是否带有意志性和目的性分类，可以将记忆分为无意记忆和有意记忆。（其中的"意"，心理学上的解释是指"意识"，意识问题很复杂，我们在这里将他解释为"意志性"和"目的性"，仅为了掌握。）结合记忆过程，还可以进一步分为：无意识记、无意回忆、有意识记和有意回忆四种。

无意记忆的四个特征：一是没有任何记忆的目的、要求；二是没有做出任何记忆的意志努力；三是没有采取任何的记忆方法；四是记忆的自发性，并带有片面性。

有意记忆的相对于无意记忆，也具有四个特征：一是有预定的记忆目的和要求；二是需要作出记忆的意志努力；三是需要作出运用一定的记忆方法；四是具有自控性和创造性。

无意记忆和有意记忆是相辅相成的，并在一定的条件下可以相互转化。也就是说，无意记忆可以向有意记忆转化，有意记忆也可以向无意记忆转化。这些条件包括：一、实践或认识任务的需要是两者相互转化的根本条件。二、信息强度的变化是转化的重要条件。三、人的主观处于何种状态是转化的重要条件。四、所掌握的记忆技能的熟练程度是转化的必要条件。五、精神高度集中，然后思想放松，常常是有意记忆向无意记忆转化的有利时机。

3. 影响记忆力的因素

经研究发现，影响记忆力的因素很多，但主要有如下几种：

压力和不安

严重的情绪危机和压力不但会对记忆造成影响，甚至还会导致身心失衡，让人感觉很压抑，使精神生活笼罩在一片阴影中。举例而言，被抢劫的人往往很难正确地描绘出罪犯的长相和特征，即使能描述出来一些，也不完全准确。大体上说来，通常人们在这种情况下，会将自己的注意力集中在罪犯的凶器和自己如何能逃跑上面。此时，生存的压力过大，人们能仔细记住罪犯的能力便大大降低，有的甚至降为零。

心理学家们曾经表示，适度的压力可以促进记忆力。轻微的压力比没有任何压力更能帮助人们发挥潜能。比如说升学压力过大固然不好，但是完全不当一回事同样也不是好事。物极必反，"人无压力轻飘飘",同样也做不好什么事情。

有的人容易情绪紧张、不安,动不动就发出悲观消极的感叹,老是抱着负面想法的人很容易忽视生活中正面的、积极的因素,"忧郁"往往使人们陷于悲观的深渊中不能自拔,沉溺于过去,对于未来充满恐惧,这样的状态直接导致其注意力不断降低,集中注意力的功能也不断被弱化,记忆的能力当然日渐衰退。

睡眠与记忆力

我们的许多灵感都是在酣睡后的早晨出现的。睡眠可以解除大脑疲劳,同时制造大脑需要的含氧化合物,为觉醒后的思维和记忆做好充分的准备。适度睡眠为记忆和创造提供了物质准备,尤其是快速眼动睡眠阶段,对促进记忆巩固起着积极的作用。

2000 年 12 月,美国《自然——神经科学》杂志发表了哈佛大学医学院的一个新发现:考试之前熬通宵的人第二天反而记不住所需内容了。

研究人员发现,在学习和练习完新东西后好好睡一觉的人,第二天所能记起的东西要多于那些学习完同样的东西后整夜不睡觉的人。因为熬夜会损害记忆。有的人常常熬夜甚至通宵学习,效果反而不高。

如果缺少睡眠,或服用能减少快速眼动睡眠的抗抑郁症的药物,就会出现疲劳、头昏脑胀、眼花心慌、食欲不振等感觉,导致警觉性差、情绪不佳、影响记忆力。

大量事实证明,拥有充分的睡眠,保持清醒和睡眠的自然周期才是最可靠的能长久促进记忆力发展的好办法。要获得深度良好的睡眠,睡前最好避免饮食,不要做剧烈运动,也不要长时间看书,不要在睡眠前考虑太多问题,更不要依赖安眠药。

不良嗜好与记忆力

研究发现,不良嗜好影响记忆力。如过量饮酒和吸烟都会使记忆力减退。

饮酒过量。适量的酒精可以帮助人们消除疲劳，使身体活性化。但是，对记忆而言，酒精却是有百害而无一利。饮酒过量不但会给生活带来种种麻烦，还会导致部分记忆的丧失。由于酒精对脑细胞的麻痹作用，很可能会发生暂时性记忆丧失。

当酒精在人体内被分解时，大脑活动所需的维生素 B 群就会被大量消耗，严重的酒精中毒会使神经细胞受到破坏，引发幻觉或神经错乱，更严重的，甚至导致精神分裂。很多人认为喝酒是生活所必需的，但是，切记应以不损害身体健康为前提。

吸烟。很多研究者的结果都表明，吸烟加速记忆力丧失。人到中年还有吸烟习惯，记忆力受损更加明显。最新研究显示，烟瘾大的人，即一周抽上 15 根香烟以上的烟客，长久记忆与日常记忆都比常人差。

4．提高记忆的原则

记忆要有明确的目的

实践证明，在其它条件相同的情况下，有明确的记忆目的，则记忆力持久且强劲，反之则短暂而微弱。在一个检查记忆力的实验中，把记忆力大致相同的同学分成两组，然后观看一段录像。其中 A 组同学事先得到明确的提示，大都能寻找出录像中有几处错误，而 B 组同学并没有什么明确的目的，其记忆力明显低于 A 组。

记忆要有浓厚的兴趣

兴趣是增强记忆力的催化剂。一个人对他所感兴趣的信息和对象，会产生高度集中的注意力与观察力，精神上更加亢奋。对地理感兴趣的同学，由于伊拉克战争的吸引和关注，会非常熟悉伊拉克的地图，以及它的地形地貌及周边环境。

记忆要有高度的注意力

只有专心致志，聚精会神，信息和对象才会在大脑皮层中烙上深深的印迹；反之，注意力不集中，无意注意过多，会使人记忆力下降。

记忆要遵循规律，及时复习

记忆与遗忘是对立统一的，人的遗忘是有规律的，表现为最初遗忘的较快，几天后会重新想起来，以后逐渐慢慢地遗忘。因此，在遗忘到来之前，必须及时地复习，以便大大提高记忆的持久性。首先要有简练的复习提纲，依纲复习，"纲举目张"；其次要将及时复习、集中复习、分散复习相结合。

记忆要有良好的心理状态

心理学实验证明，心情舒畅、精神饱满的人，记忆效果就好，反之则差。如何保持良好的心理状态呢？

第一要树立正确的人生观、价值观。第二要客观地评估自己和他人。第三要有遭受挫折的心理准备。第四要善于调控和转移注意力。第五要积极参加公益的集体活动。

记忆要有科学的方法

"劈柴不照纹，累死劈柴人"。记忆力的提高，不能够单纯地靠死记硬背。

第一是理解基础上的记忆和记忆前提下的理解相统一。感性认识是理性认识的基础，没有记忆，不可能上升到理解；而理性认识比感性认识更可靠、更正确、更深刻，没有理解，记忆就像散沙一样，失去应用的价值。

第二是尝试背诵法。尝试背诵应有一个明确的记忆提纲，就像电脑里的目录、路径一样，将知识放在"目录"中，将"目录"融会在知识里，相得益彰，便于知识的提取应用。

第三是联想记忆。①接近联想，用相互接近的事物进行联想。例如：历史上彼得一世的改革和明治维新。②相似联想，用相似的事物联想。例如：伊拉克的地图像靴子。③对比联想，由相反事物的一方想到另一方。例如：民主和专政是证的统一。④归类联想，从同类事物中来联想。⑤因果联想，从原因想结果或从结果想原因。例如：遗传与变异。⑥创新联想，人为创造一种联系进行的联想。例如：万有引力与库仑定律。掌握以上六点并在实践中的灵活运用，相信你定能培养成较强的记忆力，更多的汲取科学文化知识，恣情的在知识的海洋里遨游。

记忆应遵循的其他方法

首先是学会一种或多种观察能力，敏锐的观察力能能帮助我们记
忆。其次要站在对方的立场上考虑问题，在记忆中尤其如此。要充分理解的基础上记忆对象。第三开发自己的右脑，把记忆对象形象化有助于记忆。第四掌握歌诀或口诀记忆知识，把互不关联的记忆对象编成歌诀有利于记忆。第五学会特征记忆技巧，找到记忆对象的特点，辨别出其特征有助于记忆。第六学会整理和分类，适当的分散记忆（化整为零）有时比集中记忆效果好。第七充分运用人自身体的五官功能，调动身体各器官协同记忆。

5. 提高记忆力的方法

记忆，就是过去的经验在人脑中的反映。它包括识记、保持、再现和回忆四个基本过程。其形式有形象记忆、概念记忆、逻辑记忆、情绪记忆、运动记忆等。记忆的大敌是遗忘。提高记忆力，实质就是尽量避免和克服遗忘。在学习活动中只要进行有意识的锻炼，掌握记忆规律和方法，就能改善和提高记忆力。

下面介绍增强记忆的 *10* 种方法：

注意集中

记忆时只要聚精会神、专心致志，排除杂念和外界干扰，大脑皮层就会留下深刻的记忆痕迹而不容易遗忘。如果精神涣散，一心二用，就会大大降低记忆效率。

兴趣浓厚

如果对学习材料、知识对象索然无味，即使花再多时间，也难以记住。

理解记忆

理解是记忆的基础。只有理解的东西才能记得牢记得久。仅靠死记硬背，则不容易记得住。对于重要的学习内容，如能做到理解和背诵相结合，记忆效果会更好。

过度学习

即对学习材料在记住的基础上，多记几遍，达到熟记、牢记的程度。

及时复习

遗忘的速度是先快后慢。对刚学过的知识，趁热打铁，及时温习巩固，是强化记忆痕迹、防止遗忘的有效手段。

经常回忆

学习时，不断进行尝试回忆，可使记忆有错误得到纠正，遗漏得到弥补，使学习内容难点记得更牢。闲暇时经常回忆过去识记的对象，也能避免遗忘。

视听结合

可以同时利用语言功能和视、听觉器官的功能，来强化记忆，提高记忆效率。比单一默读效果好得多。

116

多种手段

根据情况，灵活运用分类记忆、图表记忆、缩短记忆及编提纲、做笔记、卡片等记忆方法，均能增强记忆力。

最佳时间

一般来说，上午 9～11 时，下午 3～4 时，晚上 9～10 时，为最佳记忆时间。利用上述时间记忆难记的学习材料，效果较好。

科学用脑

在保证营养、积极休息、进行体育锻炼等保养大脑的基础上，科学用脑，防止过度疲劳，保持积极乐观的情绪，能大大提高大脑的工作效率。这是提高记忆力的关键。

6. 增强记忆力的步骤

如何提高记忆力？很多人对如何提高记忆力这个问题感到很茫然，提高记忆力真的有那么难吗？要提高记忆力，我们可通过增强记忆力两大步骤来实现。

增强记忆力的第一步骤

记忆力是什么？科学家认为记忆力可分为短期记忆力、中期记忆力和长期记忆力。短期记忆力的实质是大脑的即时生理生化反应的重复，而中期和长期的记忆力则是大脑细胞内发生了结构改变，建立了固定联系。比如怎么骑自行车就是长期记忆，即使已多年不骑了，仍能骑上车就跑。中期记忆是不牢固的细胞结构改变，只有曲不离口、拳不离手反复加以巩固，才会变成长期记忆力。短期记忆力是数量最多又最不牢固的记忆，一个人每天只将 1% 的记忆保留下来。

增强记忆力的第二步骤

我们既然明白了记忆力需要不断复习才能巩固的道理，就可以从物质和技巧两方面着手掌握增强记忆力的诀窍了。

物质方面，要多吃有利提高记忆力的食品，如富有含锌、磷酯、某些不饱和脂肪酸的芹菜、核桃、芝麻、瘦肉等。

提高记忆力技巧方面实际上就是按记忆的生理规律去做。

第一，课堂上要专心听讲、思考吸收，取得较深的短期记忆。下课后当天复习；过几天当记忆开始淡漠时再巩固一次并加以条理化。学而时习之，不亦乐乎，以后每隔一两个月复习一次。这样就可以把短期记忆变成中长期记忆，花最少的时间取得最佳的记忆效果。

第二，复习要记忆的功课最好在早晨或夜里的安静环境中进行。试验证明，晚上 $6～10$ 点和早晨 $6～8$ 点是记忆功能最佳时候。同时要专心，不要被其它干扰或打断。切忌一边听音乐一边背书。这是因为大脑工作时只允许一个中枢于兴奋状态，如果同时有几个兴奋点，必定会心不在焉或三心二意，结果大大降低记忆效果。

第三，记东西时要舒心不要紧张。紧张时去甲肾上腺素分泌增加，它是损害精神集中功能和记忆力的大敌。反之，在宽松环境中，垂体后叶分泌加压素，它对增强记忆功能大有好处。

第四，可以编一些顺口溜将知识条理化、提纲化，使知识形成记忆的系统和网络，这样便可通过联想来增加记忆效果。例如要记唐宋八大家姓名时，可以先记住韩、柳、"三苏"、欧（阳）、王、曾八个姓，然后便于推想出全部姓名等等。

第五，尽量理解要记忆的内容。所谓理解，从生理上说就是把你的知识纳入记忆网络中，并且建立深一层的固定联系。死记硬背不理解的东西是浪费记忆力，也记不牢。

第六，左右转动眼球可有效提高记忆力。如果想快速回忆起某件事，只要将眼球左右来回转动 30 秒，就会产生良好的效果。因为眼球水平转动可以让大脑的左右半球互相沟通，这对于重新勾起人们的记忆至关重要。

7. 提高记忆力的途径

提高记忆力的途径主要是吃和练。

"吃"

吃也可以提高记忆力，这是科学家们建议的，吃一些富含磷脂的食物可以补充大脑记忆所需，比如鱼头，核桃、花生等植物的籽或核，还有蜂花粉、蜂皇浆等保健品也有一些奇特功效。

据报道，日本化学家发现，日本米酒中的一组酶抑制剂有增强记忆的作用。这些酶抑制剂可有效抑制大脑中的酶脯氮酰肽链内切酶（PEP）的活性，这种酶活性过大会降低记忆力。

据美国《洛杉矶时报》报道，适当食用包含天然神经化学的物质可以增强智力，也许还能防止大脑老化。这些有助记忆的食物包括水果和蔬菜、脂肪含量高的鱼类、糖、维生素 B 等。

人大脑中有无数亿个神经细胞在不停的进行着繁重的活动，科学研究证实，饮食不仅是维持生命的必需品，而且在大脑正常运转中也发挥着十分重要的作用。有些食物有助于发展人的智力，使人的思维更加敏捷，精力更为集中，甚至能够激发人的创造力和想象力。

营养保健专家研究发现，一些有助于补脑健智的食品，并非昂贵难觅，而恰恰是廉价又普通之物，日常生活随处可见。以下几种食品就对大脑十分有益，脑力劳动者、在校学生不妨经常选食。

牛奶。牛奶是一种近乎完美的营养品。如果用脑过度而失眠时，睡前一杯热牛奶有助入睡。

鸡蛋。大脑活动功能，记忆力强弱与大脑中乙酰胆碱含量密切相关。实验证明，吃鸡的妙处在于：当蛋黄中所含丰富的卵磷脂被酶分解后，能产生出丰富的乙酰胆碱，进入血液又会很快到达脑组织中，可增强记忆力。国外研究证实，每天吃1、2只鸡蛋就可以向机体供给足够的胆碱，对保护大脑，提高记忆力大有好处。

鱼类。它们可以向大脑提供优质蛋白质和钙，淡水鱼所含的脂肪酸多为不饱和脂肪酸，不会引起血管硬化，对脑动脉血管无危害，相反，还能保护脑血管、对大脑细胞活动有促进作用。

味精。味精的主要成分是谷氨酸钠，它在胃酸的作用下可转化为谷氨酸。谷氨酸是参加人体脑代谢的唯一氨基酸，能促进智力发育，维持和改进大脑机能。常摄入些味精，对改善智力不足及记忆力障碍有帮助。由于味精会使脑内乙酰胆碱增加，因而对神经衰弱症也有一定疗效。

花生。花生富含卵磷脂和脑磷脂，它是神经系统所需要的重要物质，能延缓脑功能衰退，抑制血小板凝集，防止脑血栓形成。实验证实，常食花生可改善血液循环、增强记忆、延缓衰老，是名符其实的"长生果"。

小米。小米中所含的维生素 B1 和 B2 分别高于大米 1.5 倍和 1 倍，其蛋白质中含较多的色氨酸和蛋氨酸。临床观察发现，吃小米有防止衰老的作用。如果平时常吃点小米粥、小米饭，将益于脑的保健。

玉米。玉米胚中富含亚油酸等多种不饱和脂肪酸，有保护脑血管和降血脂作用。尤其是玉米中含水量谷氨酸较高，能帮助促进脑细胞代谢，常吃些玉米尤其是鲜玉米，具有健脑作用。

黄花菜。人们常说，黄花菜是"忘忧草"，能"安神解郁"。注意：黄花菜不宜生吃或单炒，以免中毒，以干品和煮熟吃为好。

辣椒。辣椒维生素 C 含量居各蔬菜之首，胡萝卜素和维生素含量也很丰富。辣椒所含的辣椒碱能刺激味觉、增加食欲、促进大脑血液循环。近年有人发现，辣椒的"辣"味还是刺激人体内追求事业成功的激素，使人精力充沛，思维活跃。辣椒以生吃效果更好。

菠菜。菠菜虽廉价而不起眼，但它属健脑蔬菜。由于菠菜中含有丰富的维生素 A、C、B1 和 B2，是脑细胞代谢的"最佳供给者"之一。此外，它还含有大量叶绿素，也具有健脑益智作用。

橘子。橘子含有大量维生素 A、B1 和 C，属典型的碱性食物，可以消除大量酸性食物对神经系统造成的危害。考试期间适量常吃些橘子，能使人精力充沛。此外，柠檬、广柑、柚子等也有类似功效，可代替橘子。

菠萝。菠萝含有很多维生素 C 和微量元素锰，而且热量少，常吃有生津、提神的作用，有人称它是能够提高人记忆力的水果。菠萝常是一些音乐家、歌星和演员最喜欢的水果，因为他们要背诵大量的乐谱、歌词和台词。

"练"

好的记忆力都是练出来的，包括世界级的记忆大师们也都是靠后天训练培养出来的超级记忆力，一般的，比较有效地训练方法有三个：

第一是速读法（又叫全脑速读记忆）：速读法是在快速阅读的基础上进行记忆训练的，实际上，两者是同时进行也是相互相成的。别以为阅读速度快了记忆就差了，因为这里靠的不是左脑意识的逻辑记忆，而是右脑潜意识的图像记忆，后者比前者强 100 万倍。通过速读记忆训练的朋友都知道，速度越快记忆越好，关于这个问题只要你实践一下就会有所体会。

第二是图像法（又叫联结记忆术）：图像法也是运用右脑的图像记忆功能，发挥右脑想象力来联结不同图像之间的关系，从而变成一个让人记忆深刻的故事来实现超大容量的记忆。

第三是导图法（又叫思维导图）：思维导图是一个伟大的发明，不仅在记忆上可以让你大脑里的资料系统化、图像化，还可以帮助你思维分析问题，统筹规划。

8. 锻炼记忆力的技巧

多听音乐帮助记忆

保加利亚的拉扎诺夫博士，以医学和心理学为依据，对一些乐曲进行了研究，发现巴赫、亨德尔等人的作品中的慢板乐章，能够消除大脑的紧张，使人进入冥想状态。他让学生们听着节奏缓慢的音乐，并且放松全身的肌肉，合着音乐的节拍读出需要记忆的材料。学习结束之后，再播放 2 分钟欢快的音乐，让大脑从记忆活动中恢复过来。很多试验过这种方法的学生都觉得记忆效果很好。

背诵经典提高记忆

我们知道，人常常在看书和学习中甚至是休闲时会经常背诵一些名篇、成语、佳句、诗歌短文、数理公式、外文单词和技术要领知识吗？那可是锻炼记忆力的"硬功夫"呀。马克思青年时就是用不熟练的外文背诵诗歌，锻炼自己的记忆力的。每天坚持 10 至 20 分钟的背诵，也能增进记忆力。

身心运用记忆效率高

科学证明，正确的重复是有效记忆的主要方法，特别在人在学习中通过自己的脑、手、耳、口并用进行知识记忆时，记忆的效率高效果好。因为当你记忆时，应该用脑想，也要口念，手写，在学习中不知不觉地调动了自身更多的记忆"通道"参加记忆，这样使自己的记忆痕迹加深，记忆效果当然更好。

奇思怪想强记忆

我们在学习与看书时往往对一些数字、年代不易记住。如果你善于联想记忆，便好记了。如桩子表和房间法或叫罗马房法和图像字法，是联想法的具体化。你可以将桩子或房间用来当成图像的存放处桩子，原理就是让要记忆的东西来跟已知的东西做连接。原来的东西就叫"桩子"，把新的要记忆的事物与桩子连接，此法用于大量数据和外语的记忆。

多咀嚼能增记忆力

科学证明：人的咀嚼是能有效防止记忆衰退方法之一。有人认为，其原因在于咀嚼能使人放松，如果老人咀嚼得少，其血液中的荷尔蒙就相当高，足以造成短期记忆力衰退。如我们在观察人群中就会发现，经常咀嚼的人牙齿就好，吃饭更香，学习能力和记忆能力也随之增强。又如美国人最爱咀嚼口香糖就是例证。

唠叨助长记性

唠叨，在某种程度上帮助女性延长了记忆和寿命。唠叨在语言运用中也是重复说某一个事情某一个人，经常地重复当然必须加深唠叨人对某一事或某一个的关注和记忆。专家认为，女性比男性更乐于与人言语交流；男性进入老年期后，沉默寡言居多。而言语是不可或缺的心理宣泄方式，可防止记忆衰退。

巧妙饮食助记忆

摄取适量的"健康油脂"可减少血栓的发生，例如橄榄油、鱼油是维持血液正常循环的好选择，含有丰富维生素、矿物质的蔬菜水果也是保持健康的上佳选择。有不少的人，不是记忆不得法，而是大脑中缺乏记忆信息传递员，即乙酸胆碱。如果你经常吃点上述食物，便可极大地改善你的记忆力。

多玩耍增强记忆力

人的躯体活动能改善健康情况，精神活动则能减轻记忆力衰退。

特别是那些爱玩爱活动的人们兴趣广泛，涉猎众多，知识面广，记忆也强。科学证明：爱跳舞、读书、玩纸牌、学外语等活动项目都能在不同程度上增加神经突触的数目，增强神经细胞间的信号传导，巩固记忆。

运动健身可防止记忆衰退

一般情况而言，身体健康，爱好体育运动和热爱生活的人，精力充沛，学习力强记忆力当然也强，人们在锻炼身体时可以促进大脑自我更新。专家认为，长期的心血管运动可以减少因年龄增长出现的脑组织损失，可以减轻记忆力衰退。多项研究表明，要保持大脑活跃，只需经常运动。一周锻炼三到四次的在校儿童，在 *10* 岁或 *11* 岁时考试成绩一般都较高。经常走路的老年人在记忆测试中的表现要比那些惯于久坐的同龄人好。通过向消耗能量的大脑输入额外的氧气，锻炼能增强智力。

最新研究还反驳了人出生后就不能再产生新的脑细胞这种说法。相反，研究发现体育锻炼实际上能促进新脑细胞的增长。在老鼠身上，锻炼引起的脑力增强效果在与学习和记忆有关的海马状突起上表现得最为明显。

家庭幸福情愉悦身心防脑衰

大量社会调查早已证明，家庭幸福对学习者而言是提高学习记忆力必要条件，特别是相恋的人或夫妻俩人的两情相悦的幸福感会使双方体内分泌激素和乙酰胆碱等物质，有利于增强机体免疫力，延缓大脑衰老。

9. 用生物钟提高记忆力

研究证明，合理的利用生物钟，掌握最佳学习时间，能有效提高工作效率和学习效率。

一天中什么时候人的记忆力最好呢？什么时候才是最佳学习时间呢？据生理学家研究，人的大脑在一天中有一定的活动规律：

6～8 点

机体休息完毕并进入如兴奋状态，肝脏已将体内的毒素全部排净，头脑清醒，大脑记忆力强，此时进入第一次最佳记忆期。

8～9 点

神经兴奋性提高，记忆仍保持最佳状态，心脏开足马力工作，精力旺盛，大脑具有严谨、周密的思考能力，可以安排难度大的攻坚内容。

10～11 点

身心处于积极状态，热情将持续到午饭，人体处于第一次最佳状态。此时为内向性格者创造力最旺盛时刻，任何工作都能胜任，此时虚度实在可惜。

12 点

人体的全部精力都已调动起来。全身总动员，需进餐。此时对酒精仍敏感。午餐时一桌酒席后，对下半天的工作会受到重大影响。

13～14 点

午饭后，精神困倦，白天第一阶段的兴奋期已过，精力消退，进入 24 小时周期中的第二低潮阶段，此时反应迟缓，有些疲劳，宜适当休息，最好午睡半到一小时。

15～16 点

身体重新改善，感觉器官此时尤其敏感，精神抖擞，试验表明，此时长期记忆效果非常好，可以合理安排一些需"永久记忆"的内容记忆。工作能力逐渐恢复，是外向性格者分析和创造最旺盛的时刻，可以持续数小时。

17~18点

工作效率更高，体力活动的体力和耐力达一天中的最高峰时期，试验显示，这段时间是完成复杂计算和比较消耗脑力作业的好时期。19~20点：体内能量消耗，情绪不稳，应休息。

20~21点

大脑又开始活跃，反应迅速，记忆力特别好，直到临睡前为一天中最佳的记忆时期（也是最高效的）。

22~24点

睡意降临，人体准备休息，细胞修复工作开始。

10. 用颜色标签提高记忆力

自然界虽然五光十色，但最基本的色彩只有赤橙黄绿青蓝紫和灰白黑几种，如果我们将一种颜色标识为一种数字，那么这十种颜色的对应数字可标识为 1234567890，即赤 1 橙 2 黄 3 绿 4 青 5 蓝 6 紫 7，灰 8 白 9 黑 0。

如果你熟悉彩虹颜色，应该不难记忆前 7 种颜色。1 是赤。或者想象树 1 上的枫叶是红的吧。2 是橙。想象鸭子 2 是从橙子里面生出来的。3 是黄，想象米老鼠，穿着黄马褂。4 是绿。现在都提倡绿色环保的汽车 4。5 是青。手里握着两条青蛇。（夸父逐日的夸父就两手握蛇，渴死在邓林）6 是蓝。想象牛在蓝天下自由自在的吃着草。7 是紫。悬崖 7 上开满了紫色的郁金香。或者用"妻子"的谐音。8 是灰。不倒翁官吏 8 穿着灰袍，或者眼镜 8 上都是灰。或者用谐音扒灰。9 是白。用谐音白酒。0 是黑。想象黑洞 0。或者漆黑的山洞。

别小看了这个只有十个数字的标签，用处可大呢。碰到 3 位数需要记忆，可以转化位颜色标签 +2 位数数字标签。只用一个图像。比如有的时候恰巧碰到朋友告诉你的电话分机号是 3 位。134。用颜色标签 +2 位数标签记忆。就是红色的山狮。想象威风凛凛浑身红毛的山狮。就不用非要用什么一个老鼠在和山狮决斗了。

更大的用途在记忆人的外貌特征上。只要你细心观察生活，用颜色标签加地点标签，你完全可以在 5 到 10 分钟内记住几十个人的基本外貌特征甚至加上他们的名字！

记忆很多人物的外貌特征时，最好是用地点标签。因为比较容易加入场景。比如你已经选好了 1 到 50 的地点标签。比如 1 是你家大门口，2 是个面馆，3 是小学……一直下去。50 到了人民广场的博物馆……你碰到的第一个人是个男孩，身上的主要特征是穿着一件红色的衬衫，跨着一个黑色的皮包。你就可以想象你家大门口有一张台球桌，一个男孩在打台球。注意台球 10 是红 1 黑 0 颜色的组合。这远远比你想象一个穿红衣带黑包的年轻人站在大门口记忆深刻的多。当然前提是要对颜色标签非常熟悉。一般你记忆一个人 2 个主要穿着特征足够了。

另外一个好处是也非常方便穿插进人名。比如假设这个例子中的人叫杨志明。你就可以想象原来是一只有颗痣的羊（杨志）在明亮的灯光下在打台球。当你再看到这个人的时候，你马上可以想到他的特征，原来是红黑。是台球桌，放在那里？在家门口。谁在打台球，一个有颗痣的羊，旁边是非常明亮的灯光。杨志明！如果你运用熟练了，下次有聚会，在很短的时间里记住 10 几个或者几十个人的名字和他出场的次序就不是难事了吧。

另外一个关于颜色转换的非常实用的方法是夸张颜色，用一个代表物代表他。比如，红色想象成鲜血，够刺激感官了吧。返回前面提到的 134，就可以记忆成浑身是血 1 的山狮 34 了。因为 1 是什么颜色是红，红色的具体代表物是血。是不是印象比红毛的山狮更深刻了？例如灰色就用很脏的灰尘，白用棉花或者白纸，黑用墨水，用炭等。回到上面这个年轻人的例子。不用颜色的数字标签。你也可以转化为一个浑身是血1，满身是墨水0的男孩站在你家门口。不用担心你用其他图像覆盖了本身的图像，人的大脑是很神奇的。你看过了这个人肯定有印象，通过红黑你就可以回忆起他的主要特征。还用上面的例子。你如果还要加入他的电话号码134，只要把这个张着血盆大口的山狮带进你的场景，想象他正扑向打台球的男孩呢！

通过上面方法，你记住轻松的人物的出场次序，他的主要外貌特征，他的名字，他的电话号码……够神奇吧训练记忆人外貌的最简单方法就是到闹市地区，观察经过的人群。给自己规定好时间，去记忆从你身边经过的人的外貌，然后回想。如果有些图像模糊或者忘记了，反思和总结问题出在哪里。多加练习，你一定可以进步神速，发现其中无穷的乐趣，别人也一定对你刮目相看啦。上述例子可以灵活运用，对于有些有其他明显特征的外貌可以直接运用未必用颜色标志了。比如大鼻子，想象他是马戏团的小丑。卷头发想象波浪或者卷毛狗等。怎么样？还不赶快行动吗？试试看你神奇的记忆力吧。只要坚持和努力，一切皆有可能！

11. 快速提高记忆力的训练

第一步 使身心轻松舒适

首先，要把你的整个身心放松，使之处于一种轻松舒适的状态，由此使你的大脑安静下来，使疲劳的脑细胞得到休息和恢复，从而提高大脑的活力。

原则上，只要你回忆起你过去有过的"轻松舒适"的体验，那么你的身心就会处于轻松舒适状态了。

在形象控制法里，把能够使人"身心轻松舒适"的体验，叫做基本形象。把相应的练习叫做基本练习。在这一步的练习操作过程中，要注意掌握以下两方面：一是练习前的注意事项；二是练习要领。

（1）练习前的注意事项

第一，开始练习时，尽量减少外部对人体的刺激，最好把眼镜、腰带、手表、鞋等东西摘掉或松开，练习的地点应是比较安静、通风、温度和光线适中。随着练习的深入，养成了习惯，也可以坐在公共汽车上或呆在教室里等环境条件下进行练习。

第二，练习开始时，最好采用标准姿势，慢慢习惯以后可以采用任何姿势来进行。所采用的姿势不要产生不舒服的感觉，以免影响放松效果。

（2）练习时的两种姿势

一般采用的姿势为靠式或两种坐式。

靠式：坐在安乐椅或沙发椅上，把身体的背部和头部靠在靠垫上，使两腿平行着地，不可悬空，使腿部轻松舒适。

两个胳臂放在扶手上，手心向下，要求两肩轻松自然。两腿分开与肩的宽度相似。

坐式：采用什么样的椅子都行，用凳子也可以，或者只要有一个坐的地方。

椅子高度适宜，一般要求两脚着地而不悬空，放松两肩，头部稍向前倾，这时把身体和头部彻底地伸展一下，以消除身上的紧张感觉，这样就能取得很好的姿势。

两只手的手心向下放在大腿上，并使它们不要相互碰到。两腿自然分开处于舒适状态。

此外还可以采用站式、正座式、盘膝座式等。这要根据个人的习惯而定。

（3）练习时的注意事项

首先，练习开始闭着眼睛进行，容易浮现所需要的形象，训练效果好，习惯后能够掌握形象时，可以睁着眼练习。

其次，练习时一般采用平时习惯地呼吸方法，但在开始练习之前，要进行 3~5 次腹式呼吸，使大脑安静下来。

第三，当你入静时，在你头脑中所出现的基本形象应当是你过去经验中最使你的身心"轻松舒畅"的那种形象。绝对不要出现与不愉快的事情相联系的那种形象。

如在美丽的草坪上舒畅的休息，愉快地沐浴着阳光，这对一般人可能是良好的感觉，但个别女孩子可能会产生怕流氓出现的不快感，引起不好的结果。所以要视个人情况而定。

第四，练习的时间最好是早、中、晚三次。早晨起床后，午饭后，睡觉前，分三次练习是比较理想的。假如做不到三次，但至少一天要练习一次，平均三个月左右的练习，就能掌握形象控制法的全过程。重要的就是坚持每天练习。

（4）练习的基本要领

每次练习时间为 10~15 分钟。练习的基本要领如下。

首先，要使精神放松。按照上述注意事项，基本姿势正确以后，把两臂和两脚尽量地向前伸出，同时用尽全身的力量，使得手脚颤动。当手脚充分的伸出以后，突然地停止用力，在这一瞬间，你马上可以感到你手脚的肌肉全部放松下来，你要抓住这种放松的感觉并保持下去。

把上述的练习再重复一次，可闭上眼做。然后马上进入腹式呼吸，微微张开嘴，把小腹的空气慢慢地吐出来，慢慢收缩小腹，把空气吐干净以后，停止呼吸一两秒钟。接着一面使小腹慢慢地鼓起，一面用鼻子静静吸入空气，吸到不能再吸为止，再停止呼吸一两秒钟。

按照腹式呼吸法重复 3~5 次。之后就进入到普通的舒适地呼吸方式。

然后在头脑中浮现出轻松愉快的形象。诸如：我像洗过澡那样全身都舒适轻松，我像听妈妈讲故事时那样愉快无比等等的形象。

一面浮现形象，一面心中默念 2 ~ 3 次：心里非常安静，心里非常安静。由于默念的促进作用，心里确实变得安静了。逐渐地整个身心都达到松弛状态，感到轻松愉快。

放松的方法还有从身体局部放松到整体放松，以及加深练习方法，这里就不一一介绍，一般来说只要掌握上述基本练习就行了。

第二步　在头脑中浮现出过去的良好形象

这一步练习在头脑中要浮现出两种形象：

一是对于被记忆对象过去的良好形象。所谓被记忆对象是指练习者的练习记忆的目标，如学生提高学习成绩，提高名次等；售货员要把商品名称、价格记住；电话接线员要把有关电话号码都记住等等。提高学习成绩的良好形象如：我的数学有一次考了 100 分，位于全班第一名；我的一篇作文得特别好，受到老师特别表扬等等。

二是对于记忆本身过去的良好形象。所谓记忆本身是指练习者记忆力的良好形象如：考外语前，我一天晚上能记住 300 个英文单词。我的把某一件事记得很清楚，虽然事隔多年。

当过去良好的形象记忆再现时，你就会产生一种"自己一定能记住"的自信心，也使你对记忆的对象产生兴趣。同时也会促使你想办法寻找一些有效的记忆策略和方法，比如我们在教材中已经讲过的：理解后记忆效果好；按照遗忘规律采用有效复习对策效果好；阅读与回忆相结合记忆效果好等等。

（1）第二步的提高记忆要点

第二步练习，你要掌握提高记忆力的三个要点。

一是使你自信"一定能够记住"；二是使你对记忆对象产生兴趣；

三是使你发现适合于自己特点的记忆策略和方法。

（2）具体操作方法

第一，如果你把眼睛闭上一分钟左右，就能出现轻松舒适的感觉，才能开始进入第二步的练习。

第二，在学习生活中，有关被记忆对象和记忆力本身的良好形象过去曾有许多，要把印象较深的回忆出来，并逐条记在卡片上，供选择使用。

第三，在逐条写下的良好形象中，尽量选择三个或四个最近发生的事物，印象更为深刻。

这样选择出来的良好形象，每天要在头脑中浮现5分钟左右。

第三步　在头脑中浮现出对未来的良好形象

就是说你要在头脑中描绘出这样的形象："记忆力的提高，是为了你的将来开辟一个美好的前途。"

例如对学生来说，可以有以下形象：

我的学习效率和学习成绩大大提高，成为成绩优秀的学生。

我将考上一个理想的高级中学，当一名优秀学生。

我将考上一个理想的大学，当一名成绩优秀的大学生。

我将考上研究生或出国研究生、博士生，啊！多有意思呀！

我将做一名出色的工程师……我的社会地位和作用将得到社会承认，受社会尊重。

这里所谈的未来形象与准备阶段的明确目的有相同的意义。

（1）第三步的提高记忆要点

总之，在第三步，你要掌握提高记忆力的三个要点：一是你产生强烈的动机；二是使你与愉快的事情相联系；三是能够给脑细胞以刺激。

（2）具体操作方法

第一，这一步就是要明确你提高记忆力对将来会起什么作用，并使它在头脑里深深地扎下根。这一步应在头脑中浮现出过去的良好形象之后再进行。每次可在头脑浮现 5 分钟左右。

第二，要把自己能够想出来的目标和作用，逐条地写下来，或制定一个"我将来的计划"，用卡片或用图表列出，将记忆力的提高与开创个人美好的未来联系在一起，效果就会更好。

第三，个人的将来目标要尽量具有形象特点，并在练习中经常出现在头脑中，起激励个人的作用。

第四，如有可能你不访实地考察，如到理想的中学或大学去参观访问，找有关的职业人员谈该职业的特点和要求等，建立更深刻的未来形象。

第四步　浮现出整体的形象

这一步要求你要对被记忆的对象或要解决的问题作一个整体形象的浮现。如我们学一节语文课或学一章地理课，我们就要对课文的各部分结构一一形成形象，然后形成一个整体形象浮现在头脑中。

这一步能够使你了解各部分掌握的情况，对于没有浮现出来的部分就是没有掌握的部分，应对照课文重新理解认识，直到形成完整的形象为止。

这一步要求你用形象去掌握记忆对象，而不是依赖语言。用浮现整体形象的方法可以弥补语言表达的不足，印象更深刻，记忆效果好。

研究表明：用形象方法比单纯用语言进行记忆容易得多，记忆的效果好，以后回忆出记忆事物的形象时，也会轻松得多，所以，对于自己所要记忆的事物，要努力在头脑中浮现它的整体形象，这是非常重要的。

（1）第四步的提高记忆要点

在做浮现整体形象这一步时，你要注意掌握以下几个提高记忆力的要点：一是细致地观察记忆对象；二是充分理解记忆对象的内容；

三是用形象掌握记忆的对象；四是边预想结果边记忆。

（2）具体操作方法

第一，做完准备阶段后，大约要用三个月时间做完前三步，当然有人可能快些，视实际效果而定。然后认真地做第四步。前几步掌握后，你还要每天练一次，作为脑体操来练习。这样对于记忆对象再采用浮现整体形象来词忆，记忆效果会大大提高。

第二，形象往制法的练习不受年龄、职业的限制。

第三，在做上述各步时，将提高记忆力和集中注意力结合起来。如果注意力不集中，记忆力也是不可能提高的，所以两者关系密不可分。

第四，每个练习者都要联系个人的特点，找出个人的良好形象和未来的计划美景，否则是难以产生效果的。

第五，如果学好《高效率学习指导》中的理论，特别是记忆部分，会有助于对形象控制法的理解，将有益于提高练习效果。

12. 记忆力的测试 （一）

你想知道自己的记忆力如何吗？下面几种简易可行的记忆力测验方法，你如果有兴趣，不妨试一试。

机械记忆力的测试

下面列出 3 组数字，每组 12 个。你可任选一组，在 1 分钟内读完（平均每 5 秒钟读一个数），然后把记住的数字写出来（可以颠倒位置）。根据记住的多少，测试你的记忆力。

| 73 | 57 | 36 |
| 49 | 29 | 45 |

64	32	73
83	47	29
41	94	87
27	86	28
62	14	43
29	67	62
38	75	75
93	28	59
71	79	93
97	24	67

集中注意力的记忆程度的测试

下面编排了 100 个数字，请你在这些数字中按顺序找出 15 个数字来，例如 2 ~ 16，或 61 ~ 75 等。根据你找到这 15 个连续数字所需要的时间，可以测试你在集中注意力时的记忆程度究竟如何。

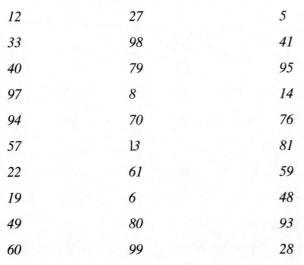

12	27	5
33	98	41
40	79	95
97	8	14
94	70	76
57	13	81
22	61	59
19	6	48
49	80	93
60	99	28

20	86	63
96	7	32
34	42	77
62	11	51
50	82	71
3	85	21
68	38	52
16	87	4
78	24	9
39	47	69

35	17	83	21
58	64	73	36
18	53	84	55
43	1	90	65
26	72	44	31
75	15	89	0
30	54	66	45
67	10	91	29
46	37	74	56
88	23	92	2

结果分析与评价

机械记忆力的测试评价

如果你把所选的一行中的 *12* 个数字都正确地记下来 f,那你的记忆力就可说是惊人的、少有的了;如果你能写下 *8~9* 个数字,可以得"优";如果只记住 *4~7* 个数字,那只其"一般";若你连 *4* 个都没有记下来,你的记忆力就很不理想,需要寻找一下原因,并需好好锻炼锻炼。

集中注意力的记忆程度的测试评价

如果你能在 30~40 秒内找到,那就属于"优等"了,大约只有5%的人有这样的能力;如果你用了 10~90 秒钟,那就只能算"一般";如果你在 2~3 分钟才找到,那你就应该说是个注意力石集中的人了。

13. 记忆力的测试 (二)

如果你想了解你的记忆力以及你运用记忆力是否得法,那么请你回答下面提出的 20 个问题。

选择一个合乎你的答案。

(1) 不需任何帮助即可使曾经识记的东西在大脑里重现。

(2) 不经暗示就想不起来,但能从许多东西中辨别出曾识记过的东西。

(3) 脑子里即使有某一信息的痕迹,但也忘得一下二净。

(4) 提起曾经记忆过的事情时,很容易与其他记忆相混同. 出现错记。

你喜欢用哪种方法记忆

(1) 把要记的对象归纳起来记忆的"整体记忆法"?

(2) 把记忆对象分成几个部分去记的"部分记忆法"?

其他

(1) 你是否常常怀着一种好奇心,或非常感兴趣地去记所要记的东西?

(2) 对某些东西,你是否理解了才去记?

(3) 你是否常常将几件相关联的事情联系起来想的方法去记忆?

(4) 你是否常常将一些相似的东西放在一起去记?

（5）当你学习感到疲劳时，你是否改变学习的内容？

（6）你是否能从众多的信息中，把真正对自己有用的东西尽快地、准确地挑选出来？

（7）你对记住的东西，是否尽早地使它在大脑中有重现的机会（比如学习之后尽早地复习）？

（8）你对所要记的东西，是否加以整理简短的文字来加强记忆？

（9）平时你是否过细地观察记忆对象及对象有关的事项？

（10）你是否能从很多的记忆对象中找出它们的规律性、共同性、特殊性？

（11）你是否常常借助于听、写、朗读或亲身实践来增强对大脑的刺激，以加深记忆印象？

（12）你是否常常看报刊，或者精读书，或者用其他方法将许多有用的信息储进大脑里去？

（13）你是否有写日记、感想，记笔记、备忘录的习惯？

（14）对一些无意义的东西，比如英文字母、阿拉伯数字等，你是否专心地念诵、书写，或把它变换成有意义和意义好理解的东西去加以领会记忆？

（15）需要记的东西很多，这时你是否将重要的东西放在开头或者末尾去记？

（16）对一些疑难问题，你是否力求自己找出问题的答案？

（17）你对日常纷繁而无必要记忆的琐事是否在短时间里就忘掉？

（18）当你要记住某件事情时，你是否抱着一定记住它的愿望，集中精力，或告诫自己说还差得很远，自己的理解可能还很不充分？

答案分析与记忆能力评估

四种不问的记忆状况

（1）是记忆对象在大脑中的重现，说明你的记忆力很好。

（2）是对记忆对象的再认，说明你的记忆力一般。

（3）是对记忆对象的遗忘，说明你的记忆力不好。

（4）出现错记。说明你的记忆力一般，记忆对象在大脑里只留下一个模糊的印象，不清晰。

你喜欢用哪一种记忆法

对很多人进行了实验，结果表明，前一种方法较后一种方法更佳。

其他

（1）有这样一句话：只有爱好它，才能十分精通它。不论是谁，对自己感兴趣的事情，都能显出优异的记忆力。

（2）理解厂的东西会在大脑里形成一种潜意识，有助于记忆。

（3）这是用一个思维唤起另一个思维的方法。如果把这个方法加以系统化，能够使记忆力增进十倍。

（4）一次记住很多相似的东西对记忆是不利的，这样会使相似的东西混淆而出现诺记的现象七、长时间学习或记忆同一种东西，大脑会产生疲劳。而改变一下内容，大脑就会轻松一些，这也是一种变相的休息。

（5）这是对大脑相当有意义的训练。记忆的事情过多，要把它印在脑子里就要花费非常多的时间和精力，而人的时间和精力都是有限的。

（6）这是对记忆的巩固。记忆在最初遗忘得很快，而往后遗忘的速度却很慢。它告诉我们，遗忘是在记忆后急速进行的，要减小遗忘.必须尽早地加以复习。

（7）我们都有这样的体会，看上去很复杂的东西，如果有图表或简单的提纲挈领的介绍，便会变得简单明了，容易记在脑子里。

（8）考查与你记忆对象有关的事项，可以系统地了解记忆对象。而过细地观察和接触实物引起的这种现实感，能加强理解和记忆。

（9）发现这些并不容易，然而一旦弄明白了，就能较快地记住所要记住的对象。

（11）同时开动人体几种器官，能使大脑紧张起来，使别的事情不能挤进头脑里来，减少外界刺激，记忆效果就好。

（12）将得到的多种信息清楚地理解和记住，对思想和认识的形成大有用处，因为时间一长就会有一个成熟的观念进入你大脑的潜意识层。

（13）记日记、笔记、写感想、备忘求是对学习和生活的印记，也难以说是再现。所以有助于巩固记忆，还因为它们都需要用手写，所以还能通过肌体感觉去帮助记忆。而备忘录又可减少需要记忆的事项，避免浪费时间去记不必留在脑里的信息。

（14）记无意义的东西很费劲失去回忆的线索，很难回忆起联想和专心致志地牢记很重要，而且记不牢，一旦忘记又所以用钉意义的词语进行

（15）在学习或记忆的开头和末尾，人的大脑处于相对松弛的状态，记起来就轻松容易。

（16）不费劲就解开的问题，在大脑里的印象就不会深，所以很快就会忘掉；而自己付出过巨大代价的东西，则会长时间留在大脑里，产生很深的印象。

（17）人的大脑好比一个楼阁，无用的东西装得越多，有用的东西被挤出去的就越多，会"遗忘"才会记忆——它可以使你的大脑保持清醒的状态，有利于对有用事物的记忆。

（18）这样做会提醒自己的注意力，使你积极地去记忆，而不是消极被动地去硬背。另外，迷迷糊糊或被其他事物分散了注意力，其结果只能在大脑里留下模糊不清的痕迹，甚至会出现错记的现象。

第五章

学生的思维力教育培养

1. 什么叫思维力

思维力是人脑对客观事物间接的、概括的反映能力。当人们在学会观察事物之后，他逐渐会把各种不同的物品、事件、经验分类归纳，不同的类型他都能通过思维进行概括。

思维科学认为，思维是人接受信息、存贮信息、加工信息以及输出信息的活动过程，从思维的本质来说，思维是具有意识的人脑对客观现实的本质属性、内部规律的自觉的、间接的和概括的反映。

通过多维立体的思考找出一类事物共同的、本质的属性和事物间内在的、必然的联系方法的能力，属于理性认识。当人们在学会观察事物之后，会把各种不同的物品、事件、经验分类归纳，不同的类型都能通过思维进行概括，这就是思维的特点。

2. 思维训练的基本内涵

思维力训练的广与狭

从广义上来看，它普遍存在于人们生活的方方面面，每个人从一生下来就在接受着各种各样的思维训练。不论是母亲教孩子学吃饭走路，还是老师教学生写字画画；不论是接受某种观念，还是养成某种习惯，从本质上说都是一种头脑的思维训练。从狭义上讲，思维训练则指的是专类思维训练，确切地是指一种高级的思维训练。用一个通俗的比喻来说，广义的思维训练是孩子在母亲的帮助下学会涂鸦乱抹，而狭义的思维训练是学生在大师指导下学习绘画创作。两者的本质虽然相同，但层次却有很大差别。

思维力训练的虚与实

许多人在初识思维训练的时候，都觉得训练思维很"虚"，既不像绘画打字那样有实用价值，又不像学习数学语文那样有可见的知识积累。如果我们因为思维看不见摸不着而将它视为虚，将思维训练视为无用，那就错了。思维训练看似很虚，却是实实在在的。从用途上来讲，任何实用技能训练归根到底都是思维的训练，绘画本身是实的，但如果不掌握绘画的技法和艺术的创作规律等虚的东西，就不可能画出好作品。而学习和消化这些技法和规律，实际上是在接受一种绘画思维训练。从层次上来看，越是智能水平高的训练，就越是呈现出虚多实少的特征，社会越发展，越需要人们的抽象思维发达。

思维力训练的源与流

思维训练是目前世界上最流行也最有效的智力开发方法，不过它并不是现代独有的专利，目前的思维训练是建立在最新的思维科学成果和古代的头脑训练术基础上的。早在古希腊时期，著名的哲学家苏格拉底就创造了有名的"头脑助产术"。现代社会，思维训练受到人们的普遍欢迎，其中商业因素的推动功不可没。在西方发达国家，大公司一般都比较重视对员工的培训工作，尤其是创造思维的培训几乎是总经理与高级主管们的必修课，因为他们在实际工作中切实感受到接受过思维培训和没有接受过思维培训的效果是大不一样的。

3. 思维训练应遵循的原理

简单与复杂

从多角度、多层次、多种方式去分析问题（即使是简单的小问题）的思维叫做复杂的思维模式。只能从一个角度、一个层次、一种方式去看问题的思维叫做简单模式。思维力训练的目的不是为了寻找到答案，而是要使思维模式由简单向复杂转化，即培养多角度、多层次、多方式看问题、发现问题、分析问题并解决问题的思维习惯。复杂的思维模式可以使我们在遇到复杂问题时能简便快捷地有效处理。能以小见大，从简单中看出复杂，从司空见惯中发现规律，看到真谛。达到这种水平的思维能力才算是一流敏锐的头脑。思维力训练题的简单与复杂并不是训练的关键，关键在于大脑的思维模式是复杂的模式还是简单的模式。所以在思维训练中，我们要仔细区别思维模式的简单与复杂和思维训练题的简单与复杂。如果不进行这种有效的训练，即使知识渊博、阅历丰富的人，也会出现用简单的思维模式，去分析处理解决复杂的问题的情况。

低级与高级

高级思维与低级思维是层次上的不同，具有相对性的特点。思维的高级与低级主要体现在采用何种思维方式。比较而言，抽象思维方式比形象思维方式高级，创造性思维方式比模仿性思维方式高级，立体思维方式比平面思维方式高级，横向思维方式比纵向思维方式高级等等。在思维力训练过程中应该辩证地看待低级思维方式与高级思维方式的关系。不能因为追求高级思维方式而抛弃低级思维方式。因为低级思维方式是高级思维方式的基础，高级思维方式是低级思维方式的发展，两者是相互依存、相互联系的关系。为了达到高级思维方式而跨越低级思维方式是不可取的，也是不可能的。在思维力训练过程中，应该让思维由低级向高级逐步发展，低级思维方式的训练有助于拓宽夯实根基，为思维向高层次发展创造条件。而高级思维方式有利于迅速提高思维的层次，开阔眼界。只有进行两者之间的依次训练和交叉训练，才能在思维训练中握准尺度，取得最佳的训练效果。

过程与结果

人们往往会出现重视结果而轻视过程的思维倾向。但在思维力训练中要关注的重点却是思维力的过程。一般的学校教育，通常采用两种教学方式，一类教学方式是把问题的结果直接告诉学生，另一种方式是把获得结果的过程传授给学生。前一种方式很省事，但对学生并无好处，后一种方式很麻烦，学生却可以受益终生。当然，并不是说思维力训练就不应该注重结果，这里强调过程是为了使接受训练的人学会更准确地观察问题，更高效地分析问题，更科学地解决问题。训练的目的不是只满足于获得一个答案。答案并不是问题的关键，如何去找答案才是最重要的。

方法与训练

思维方法是人们从无数次思维活动的经验和教训中总结出来的智慧结晶，可分为两大类：一类是怎样提高思维智能的思维方法，例如形象记忆法可以提高记忆力，联想创造法可以提高创造力等等；另一类是怎样科学地观察问题、分析问题和解决问题的思维方法，例如辩证思维法、逻辑思维法、逆向思维法以及系统思维法等等。

虽然掌握正确的思维方法后可以大大提高思维能力，但掌握思维方法与将它转化为思维技巧之间还有一段很长的训练过程要走，只有经过长期大量的思维训练，我们才能在思维实践活动中纯熟地运用思维方法指导各种各样问题的解决。

在思维训练过程中，大量的训练是重要的，科学的方法也是重要的。不重视方法的学习，大量的训练只会是低水平的重复，劳而无功。不加强训练，学到的方法就转化不成技能，没有实用价值。思维方法的学习和思维技能的训练是两个过程，不能相互替代。厚此薄彼或缺少其中任何一环，都不能算是科学的思维训练。

定型与活化

思维定型或形成思维定势是思维发展的必然趋势，是不可能避免的。问题的关键在于如果我们的大脑不能有意识地塑造高效的正确的思维模式，任其自由发展，则有可能形成低劣的、错误的思维模式。思维定型或形成思维定势并不可怕，可怕的是形成错误的思维模式或形成低劣的思维定势。在思维训练中让思维定型不仅是必然的也是必须的，问题的关键在于我们怎样让思维定型和塑造什么类型的思维模式，才能使头脑最大限度地发挥其智力潜能。

知识教育最关心的是知识积累的过程，把知识的系统学习当作教育的核心任务。这样容易使思维畸形发展定型。而思维教育是把发展学生的思维能力、培养正确的思维方式放在教育的中心位置。

思维训练并不只是一个简单的思维模式生成训练，它还包括思维活化和思维创新等训练。从某种程度上讲，所有的思维定势都对头脑具有一定的束缚作用，而要想已定型的思维模式改变更是困难重重。思维活化训练就是为了使思维摆脱定势的束缚，超越固定模式的局限而设计的训练。这种训练能把思维从无意识的被束缚的"睡态"中唤醒，超越旧的思维层面，从更高的位置俯视自己的思维活动，这时所有的思维定势和模式都成了思维的工具。

潜能与技能

思维训练的目的归根到底是为了开发个人的智力潜能。天赋只是一种潜能，只有经过长期的技能训练才能将它转化为现实的能力。思维训练的核心是把大脑的思维当作一种技能来进行训练，就像是训练绘画技能和运动技能一样。

思维的本能不等于思维的能力，任何一种能力的形成都是反复的技能性训练的结果，必须把思维视为一种技能反复训练。把思维当作一种技能来训练是对智力的一种专业化要求。

思维技能的核心训练主要分两部分，一是根据问题的类型、难易、繁简，训练把思维方法转化为现实的能力。二是训练综合运用各种思维方法解决问题的能力。

4. 思维的调整方法

人的思维水平是由其包括非智力因素的思维品质所决定的。根据智力心理学的前沿观点，改善一个人的思维品质最主要的就是提高其元认知水平，亦即形成一种根据自身认知特点自觉调整控制思维过程、认知策略的思维习惯。更通俗地说，就是养成一种自觉思维。在掌握了一定认知策略与自身认知特点的前提上，经常自觉地对自己思维的状况本身进行"反思"，监控与调整，久而久之形成一种下意识按照思维认知规律与自身认知特点进行思维的习惯。这种训练方式确实有用，不过必须要持之以恒，且注意力一定要集中！

目前思维中存在的问题：

在记忆方面的问题

第一，由于对初始信息、事物本身观察的不深刻、不全面以及记忆的不准确、不深刻，造成在思维过程中常出现思维前提、已有判断、信息被遗忘或掌握不确切的情况，导致进一步地分析、推理无法有效展开！

第二，在平时学习中，由于未能将各种信息、知识分门别类、有序地加以储存（短时记忆转为长时记忆），也没有经常性地对知识进行系统化地整理，导致知识记忆的不牢固，知识储存的相对无序，这就造成了在具体思维过程中所需的问题信息、背景知识不能被迅速检索、有效地激活运用，导致了思维的不畅与经常卡壳的后果。

在思维的程序与策略方面的问题

某些思维的程序化策略掌握得不够熟练，其种类与数量也不够。具体表现在：

第一，对某些思维的程序化策略的掌握还远未达到"内在化"的程度：

当问题超出经验思维的有效范围，直觉思维偏差或丧失方向时，相关的程序化思维不能迅速被激活，甚至压根就没有学习过相关问题情境的问题解决策略，无法自觉有效地指导思维找到新的方向，造成思维卡壳、断线！

第二，对数学、逻辑等思维工具掌握不熟练。

只能较直接、经验地分析问题，不善于将其转换为数学、逻辑形式加以考察，造成很多问题因无法抽象、简化而难于解决；很多问题也因无法量化、具体化，导致难以比较分析而不能有效解决。

思维的自我调整（自我监控）方面的问题

在思维的自我监控程序中计划、意识、方法、执行、反馈等几个环节尚存在严重不足。究其根本，这反映了思维本身的"自觉性"，即自我监控的习惯尚未完全养成。其中尤以计划、意识、反馈这个环节为甚：

第一，计划：在思维前应先对目的、目标进行精确界定的习惯尚不巩固，对思考的内容、要点、问题的核心结构等问题也往往缺乏基本的界定。

第二，意识：对"意识"本身的意识，对"思维"本身的思维还未形成一种本能，尚须不断的自我提醒。

第三，反馈（调整）：对思维效果、效率的评估，思维过程本身的反思与调控目前是做得最差的。

思维品质方面的问题

思维的分析性与批判性仍不足，仍过于依赖已有经验与模式，对于经验以外的新问题，仍未形成一种通过深入、细致观察发现其线索，善于根据所有已知条件、线索加以系统考察的习惯，经常是浅尝辄止一时找不到答案后就将其束之高阁。思维的灵活性仍须加强：应更加注意从不同角度去看待、分析同一事物，锻炼自己用不同途径、方法解决同一问题的能力。

非智力因素方面的问题

在思维中注意力的高度集中一直都是一个问题。由于注意力的不集中使得思维中的问题意识与目标意识仍不够强烈，思维经常陷入漫无目标、毫无结果的"玄想"。若在这方面能有所改善，对整个思维效率的提升效果将是显著的。

改进建议

第一，加强自觉思维的习惯，经常性地自己思维过程本身进行"反思"，通过"大声思维"的方式，找出影响其正确性与效率的各种因素、根源，加以改进！

第二，强化对思维规程与思维策略的训练，特别是应掌握决策思维的一般程序（问题分析、目标确定、提出多个备选方案、择优选用、实施、反馈、调整）、手段与目的分析、逆推法、简化变型（化归）法、典型分析归纳法、推导树法、类别推理与假说法、决策树法、决策表法等分析推理技法！

第三，在对概念的学习中，尽可能地使用概念图或事物关系联系图，以全面深刻地把握概念的内涵、外延及与其它概念的关系！

第四，在思维过程中，注意加强意识本身的调控作用，当思维出现偏差、卡壳、空白及失去方向时，能立刻意识到这一点，不在已有的圈子里继续打转，而是重新对情况作出评估，从其它角度分析问题，重新获得方向！

第五，在思考前或思考中，尽量把情绪、精力调整。

5. 思维力的提高方法

思维力的表现方式

智力水平主要通过思维能力反映出来。思维水平的高低，反映一个人智力活动水平的高低，它从不同方面表现出来：

第一，独立性。思维能力强的人必定是善于独立思考的人。即使他请教别人、查阅资料，也是以独立思考为前提的。

第二，灵活性与敏捷性。对事物反应迅速而且灵活，不墨守成规，能较快地认识、解决问题。

第三，逻辑性。思考问题严密而且科学，不穿凿附会，不支离破碎，得出的结论有充足的理由和证据，前因后果思路清晰。

第四，全面性。看问题不片面，能从不同角度整体地看待事物。

第五，创造性。对问题能提出创造性见解，别人没想到的他也能够想到。

思维力的提高方法

思维能力是指正确、合理思考的能力。即对事物进行观察、比较、分析、综合、抽象、概括、判断、推理的能力，采用科学的逻辑方法，准确而有条理地表达自己思维过程的能力。它与形象思维能力截然不同。

思维能力不仅是学好数学必须具备的能力，也是学好其他学科、处理日常生活问题所必须的能力。数学是用数量关系（包括空间形式）反映客观世界的一门学科，逻辑性很强、很严密。

第一，灵活使用逻辑。有思维能力不等于能解决较难的问题，仅就逻辑而言，有使用技巧问题。熟能生巧。学数学可知，解题多了，你就知道必须出现怎样的情况才能解决问题，可叫数学哲学。总的来说，文科生与理科生差异在此，不在思维的有无。同时，现实中人们认为逻辑思维能力强的，实际上是思想能力强，并无分文理，而且思想也不是逻辑地得到，而是逻辑地说明。

第二，参与辩论。思想在辩论中产生，包括自己和自己辩论。例如关于是主权高于人权还是相反，我认为是保护人权的主权大于人权，不能包括导致国王享用婴儿宴的主权，既必须界定主权，前者有条件成立。导致该认识的原因是有该问题辩论，否则不会去想。

第三，坚守常识。其实我很轻松得到关于人权的个人结论，原因是不论大牌专家怎么宏论，我不认同的道理只有一个，我坚守谁都不愿意自己的正当权利被侵犯，除非不得已这样的常识。因为坚守这个常识，就要具体分析主权比如国家保有军队的权利，该权利会在不同情况下要求国民承担不同义务，战时似乎侵犯人权，但这是为每个人安全需要的一种付出，主权必须具有正当性。可见坚守常识及逻辑地得到的结论的重要性。要注意的是，归纳得到的结论不能固守，因为归纳永远是归纳事物的一部分，不可能是全部，它违反部分怎样不等于全部怎样的常识。例如哲学，中国人常常用哲学说明问题，总是从一个一般到另一个一般，所以说而不明，好像不会逻辑思维，谬矣。

第四，敢于质疑。包括权威结论和个人结论，如果逻辑上明显解释不通时。

第五，培养独立思考的习惯。有的学生遇到疑难问题，总希望老师给他答案。有些老师直接把答案告诉学生，这对发展学生的智力没有好处。高明的老师面对学生的问题，应告诉他们自己寻找答案的方法，启发学生运用自己学过的知识和经验去寻找答案。当学生自己得出答案时，他会充满成就感，而且会产生新的学习动力。

第二，让自己经常处在问题情景之中。当你提出问题时，老师要跟学生一起讨论问题，老师的积极主动对学生影响很大。特别是有的老师弄不懂的问题，还可以通过请教他人、查阅资料、反复思考获得圆满答案，这个过程最能提高学生的思维能力。

第三，收集动脑筋的故事和资料。动脑筋的故事和资料很多，有的是真人真事，有的是寓言故事，有的是科普性读物。空闲时间翻阅这些资料，讨论感兴趣的问题。

第四，搞智力竞赛。学校可以利用节假日进行，老师和学生轮流做主持人，设立小奖品或其他奖励措施。为了增强气氛，可以请其他年级的学生参加。

第五，引导学生一起讨论，设计解决问题的思路，参与解决问题的过程。老师应引导学生并与学生一起共同讨论、设计解决问题的方案，并付诸实施。这个过程需要分析、归纳、推理，需要设想解决问题的方法与程序，这对于提高学生的思维能力和解决问题的能力大有帮助。

6. 思维训练的误区

思维是什么概念，到底如何培养思维能力，对此不仅很多家长不了解。

误区一：思维训练不可捉摸

分析：美国著名心理学家吉尔福特将思维能力纳入了智力结构的范畴中，提出了著名的智力结构理论。吉尔福特理论认为，人的智力是由120个智力因子组成，这120个智力因子分别负责人类不同领域的智力活动，智力活动的水平是由这些智力因子的发展水平来决定的，而影响这些智力因子发展水平的是思维内容、思维操作过程和思维结果。同时，他认为，思维能力是可以在儿童时期培养的，不过思维作为人类很潜在的一种心理品质，其培养不是一朝一夕几个活动就能完成的，需要家长在日常生活中的引导，也是有培训方法的。

误区二：思维能力就是想象力

分析：很多家长都认为思维培训就是开发想象力的，其实这是错误的概念。在教育中，思维是一种考虑问题的逻辑推理方法，是孩子发现问题，解决问题的能力。它好比是手上的工具，这种能力能让孩子得到更多的知识，和更丰富的生活体验。

误区三：优秀的孩子思维能力一定强

分析：现在的孩子一个比一个优秀，琴棋书画样样齐全，而孩子思考问题和解决问题的能力却是家长往往会忽视的地方。除了拥有各种各样的特长，孩子是否拥有一个会思考的大脑也很关键，特长并不是优秀的代名词。也只有会思考的人才是主宰未来的人。

7. 思维力的训练方法

思维能力的训练是一种有目的、有计划、有系统的教育活动，对它的作用不可轻估。人的天性对思维能力具有影响力，但后天的教育与训练对思维能力的影响更大、更深。许多研究成果表明，后天环境能在很大程度上造就一个新人。

思维能力的训练主要目的是改善思维品质，提高学生的思维能力，只要能实际训练中把握住思维品质，进行有的放矢的努力，就能顺利地卓有成效地坚持下去。思维并非神秘之物，尽管看不见，摸不着，来无影，去无踪，但它却是实实在在，有特点、有品质的普遍心理现象。

推陈出新训练法

当看到、听到或者接触到一件事情、一种事物时，应当尽可能赋予它们的新的性质，摆脱旧有方法束缚，运用新观点、新方法、新结论，反映出独创性，按照这个思路对学生进行思维方法训练，往往能收到推陈出新的结果。

聚合抽象训练法

把所有感知到的对象依据一定的标准"聚合"起来，显示出它们的共性和本质，这能增强学生的创造性思维活动。这个训练方法首先要对感知材料形成总体轮廓认识，从感觉上发现十分突出的特点；其次要从感觉到共性问题中肢解分析，形成若干分析群，进而抽象出本质特征；再次，要对抽象出来的事物本质进行概括性描述，最后形成具有指导意义的理性成果。

循序渐进训练法

这个训练法对学生的思维很有裨益，能增强领导者的分析思维能力和预见能力，能够保证领导者事先对某个设想进行严密的思考，在思维上借助于逻辑推理的形式，把结果推导出来。

生疑提问训练法

此训练法是对事物或过去一直被人认为是正确的东西或某种固定的思考模式敢于并且善于或提出新观点和新建议，并能运用各种证据，证明新结论的正确性。这也标志着一个学生创新能力的高低。训练方法是：首先，每当观察到一件事物或现象时，无论是初次还是多次接触，都要问"为什么"，并且养成习惯；其次，每当遇到工作中的问题时，尽可能地寻求自身运动的规律性，或从不同角度、不同方向变换观察同一问题，以免被知觉假象所迷惑。

集思广益训练法

此训练法是一个组织起来的团体中，借助思维大家彼此交流，集中众多人的集体智慧，广泛吸收有益意见，从而达到思维能力的提高。此法有利于研究成果的形成，还具有潜在的培养学生的研究能力的作用。因为，当一些富个性的学生聚集在一起，由于各人的起点、观察问题角度不同，研究方式、分析问题的水平的不同，产生种种不同观点和解决问题的办法。通过比较、对照、切磋，这之间就会有意无意地学习到对方思考问题的方法，从而使自己的思维能力得到潜移默化的改进。

8. 思维训练之模糊思考法

有人用一只大木笼，装了一只鹿，一只獐，送给王元泽的父亲王安石。

这时王元泽还是个小孩子。送东西的人问王元泽：

"你看，这笼子里哪是鹿？哪是獐？"

王元泽不认识獐，也不认识鹿。他想了一下就回答说：

"鹿旁边的是獐，獐旁边的是鹿。"

大家听了都拍手叫好。

你觉得为什么王元泽的回答好呢？其实很简单，他就好在不明确，好在含糊其辞。这就是模糊思维法。

模糊思维法是与精确思维相对立的，但是模糊思维现象并非含混不清，更不是抛开逻辑，放弃精确，而是辩证思维，以达到模糊与精确相统一，逻辑与非逻辑相结合，使之具有广泛的实用价值。社会生活中有些问题还非使用模糊思维不可。

在南朝时，齐高帝曾与当时的书法家王僧虔一起研习书法。有一次，高帝突然问王僧虔说："你和我谁的字更好？"

这问题比较难回答，说高帝的字比自己的好，是违心之言；说高帝的字不如自己，又会使高帝的面子搁不住，弄不好还会将君臣之间的关系弄得很糟糕。

这时候，王僧虔巧妙地回答："我的字臣中最好，您的字君中最好。"

虽然皇帝也听出了王僧虔的言外之意是自己的字比较好一些，但至少他也说了皇帝的字在的皇帝中是最好的。

高帝领悟了其中的言外之意，哈哈一笑，也就作罢，不再提这事了。

可见，在许多场合，有一些话不好直说不能直说也无法明说，模糊回答法就比较合适。怎样进行模糊思考呢?

歧义模糊

在特定场合，特定情况下，如果根据需要有意识地利用歧义，制造歧义是一种机智的模糊思维法。

鲁迅在厦门大学任教期间，校方号召开一次专门会议，无理削减一半经费，遭到了与会人员的反对。

校长林文庆不但不予理睬，反而阴阳怪气地说："关于这件事，不能听你们的。学校的经费是有钱人付出的，只有有钱人，才有发言权。"

他刚说完，鲁迅即从口袋里摸出两个银元"啪"地一声拍到桌子上，铿锵有力地说："我有钱，我有发言权。"校长措手不及，哑口无言。

这里，鲁迅就把有钱这个词故意曲解了。

谐音模糊

在汉语中，谐音给理解带来了一定的麻烦，但是，利用谐音也可以在思维及与他人交流和辩论中取得有利地位。

一天，苏东坡与和尚朋友一起泛舟赤壁。苏东坡见一条狗在河滩上啃骨头，马上灵机一动，说："狗啃河上（和尚）骨。"朋友听苏东坡的诗中别有含义，于是回敬道："水流东坡诗（尸）。"

表面看来，两人好像是吟诗写实，颂扬风雅，但实际上两人都在互相戏弄，互相嘲笑。

9. 思维训练之立体思维法

有三个年轻的泥匠工人在一个工地上同砌一堵墙。

领导来视察，问道："你们在干什么？"

第一个工人苦着脸说："砌墙！"

第二个工人微笑地说："我们在盖一幢高楼。"

第三个人自豪地说："我们正在建设一个新的城市呢！"

10 年之后，第一个人在另一个工地上砌墙；第二个人坐在办公室中画图纸，他成了工程师；第三个人则成了城市规划师。

一位心理学家曾经出过这样一个测验题：

在一块土地上种植四棵树，使得每两棵树之间的距离都相等。受试的学生在纸上画了一个又一个的几何图形：正方形、菱形、梯形、平行四边形……然而，无论什么四边形都不行。这时，心理学家公布出了答案，其中一棵树可以种在山顶上！这样，只要其余三棵树与之构成正四面体的话，就能符合题意要求了。这些受试的学生考虑了那样长的时间却找不到答案，原因在于他们没有学会使用一种创造性的方法——立体思维法。

立体思维法也叫整体思维法或空间思维法，是指对认识对象从多角度、多方位、多层次、多学科地考察研究，力图真实地反映认识对象的整体以及这个整体和其他周围事物构成的立体画面的思维方法。

立体思维要求人们跳出点、线、面的限制，有意识地从上下左右、四面八方各个方向去考虑问题，也就是要"立起来思考"。

古代印度的合罕王，打算重赏国际象棋的发明者——宰相西萨。

西萨向国王请求说："陛下，我想向你要一点粮食，然后将它们分给贫困的百姓。"

国王高兴地同意了。

西萨说："陛下，请您派人在这张棋盘的第一个小格内放上一粒麦子，在第二格放两粒，第三格放四粒……照这样下去，每一格内的数量比前一格增加一倍。用麦粒摆满棋盘上所有64个格子，我只要这些麦粒就够了。"

所有在场的人都觉得西萨很傻，连国王也认为西萨太傻了，但国王还是答应了西萨这个看起来微不足道的请求。

于是，国王派人开始在棋格上放麦粒，一开始只拿了一碗麦粒。在场的人都在笑西萨。随着放置麦粒的方格不断增多，搬运麦粒的工具也由碗换成盆，又由盆换成箩筐。即使到这个时候，大臣们还是笑声不断，甚至有人提议不必如此费事了，干脆装满一马车麦子给西萨就行了！

不知从哪一刻起，喧闹的人们突然安静下来，大臣和国王都惊诧得张大了嘴。因为他们发现，即使倾全国所有，也填不满下一个格子了！

事实上，你如果计算一下就会发现，最后一格的麦粒是一个长达20位的天文数字！这样多的麦粒相当于全世界两千年的小麦产量。国王当然是无法实现这个诺言的。就这样，西萨不仅显示了自己的智慧，而且为贫困的百姓争取到了足够多的粮食。

10. 思维训练之链式思维法

美国阿拉斯加涅利新自然保护区动物园里生活着大量的鹿。当地居民经常可以看到狼把鹿群追得四处逃命，许多鹿被咬得鲜血淋漓。

动物园为了保护鹿群，便对狼进行了大围剿。不久，狼被消灭光了。

鹿群没了天敌后，生活得非常安逸。它们整天在园子里吃草、休息，结果体质反而退化了，居然成群成群地死去。

为了不让鹿濒临灭绝，当地居民请来了著名的动物专家来想办法。动物专家在自然保护区内观察了一段时间后，居然又运了一些狼放在保护区内。

当地的居民非常不解，鹿快要死光了，再放一些狼进去，鹿不是死得更快吗？

但是，动物专家的解释却不是那么回事。他说："每一种生物都有天敌，这样可以通过自然淘汰保持生物的优良品种，促进生物的生存繁殖，这就是生物链。失去了天敌，生物链就被破坏了，鹿自然走向了死亡。"

这就是链式思维。链式思维法是用分支树图的形式，首先设计出了各种可供选择的答案或因素，以表明它们之间的前后联系，然后从中权衡。

链式思维的关键是要想到一个事物与其他事物是形成一条链的，每个事物都像锁链上的一个环，环环相连。只要提起一个事物，就要想到第二个事物，然后是第三个，一直想到最后一个。

例如，我们打算记忆以下 10 个词语：月亮、嘴巴、鸡、飞机、树林、水桶、唱歌、篮球、日记、床。就可以通过链式思考来记忆。我们可以这样联想：

第一步，把月亮和嘴巴通过联想联系起来，可以这样想像：弯弯的月亮长着一个圆圆的嘴巴；

第二步，把嘴巴与鸡联系起来，可以接着往下想：月亮正张开嘴巴要吃东西，突然看一只鸡走了过来，于是嘴巴赶紧停止吃东西，想跟鸡打招呼；

第三步，把鸡与飞机联系起来，可以接着往下想：但是，鸡却不想理月亮，它坐上飞机飞走了；

第四步，把飞机与树林联系起来，接着往下想：鸡开着飞机来到一片树林里；

第五步，把树林与水桶联系起来，接着往下想：树林里有一群伐木工人正在伐木，

创新思维论文直觉思维和灵感思维（什么是灵感思维）培养创造性思维：重视逻辑思维的培养创新思维学习心得原来，他们要用树木来做水桶；

第六步，把水桶与唱歌联系起来，接着往下想：一只只水桶做出来了，成群的水桶居然在树林唱歌；

第七步，把唱歌与篮球联系起来，接着往下想：水桶唱歌的声音把篮球给引了过来，他非常奇怪水桶居然有这么动听的歌声；

第八步，把篮球与日记联系起来，接着往下想：篮球回到家，把自己看到的东西写在了日记上；

第九步，把日记与床联系起来，接着往下想：篮球写完日记，觉得非常累，就上床睡觉去了。

通过这样的联想，就把上面这 10 个词语给联系起来了。当然这里的联想有点麻烦，但是，只要你习惯以后，这种联想在很短时间内就能完成。

11．创造性思维的培养

逻辑思维本身虽然不大可能象形象思维与直觉思维那样直接形成灵感或顿悟。但是，时间逻辑思维又是创造性思维过程中的一个不可

缺少的要素，这是因为，不论是形象思维还是直觉思维，其创造性目标的最终实现都离不开时间逻辑思维的指引、调节与控制的作用。

例如，上面提到的"大陆漂移说"尽管是起源于对世界地图的观察与想象，但是在20世纪初期曾进行过这类观察和想象的并非只有德国的魏格纳一个人。当时美国的泰勒和贝克也曾有过同样的观察和想象，并且也萌发过大陆可能漂移的想法，但是最终未能像魏格纳那样形成完整的学说。其原因就在于，这种新观点提出后，曾遭到传统"固定论"者（认为海陆相对位置固定的学者）的强烈反对。泰勒和贝克等人由于缺乏基于逻辑分析的坚定信念的支持，不敢继续朝此方向进行探索，所以最终仍停留在原来的想象水平上。只有魏格纳（他原来是气象学家）利用气象学的知识对古气候和古冰川的现象进行逻辑分析后，所得结论使其仍坚持原来的想象，并在这种分析结论的指引与调控下，对大洋两侧的地质构造及古生物化石作了深入的调研，终于在1915年发表了著名的《大陆和海洋的起源》一书，以大量的证据提出了完整的"大陆漂移说"。

又如，阿基米德在盆浴时发现水面上升与他身体侵入部分体积之间的内隐关系，固然是由于直觉思维（把握事物之间的关系）而产生的顿悟，但是这种顿悟并非凭空而来的。诚如第三章第五节所指出的，这是因为阿基米德事先通过逻辑分析、推理知道，如果是纯金的皇冠，由于其密度已知，在体积一定的条件下其重量很容易计算出来，再与皇冠实际测量出的重量相比较，即可确定皇冠是否用纯金制成。换句话说，只要能测量出其体积就能计算其重量，也就能据此判定是否掺有杂质，于是问题的关键就转化为如何测量皇冠的不规则体积。正是在这一逻辑思维结论的指引下，阿基米德才能把自己直觉思维的焦点指向与皇冠体积测量相关联的事物，才有可能在盆浴过程中发生顿悟。而在此之前，尽管阿基米德也曾在千百次盆浴中看到过同样的现象，却从未能发生类似的顿悟，就是由于缺乏上述逻辑思维指引的缘故。

再如，"爱莲说"之所以具有永恒的艺术魅力，和净化人们心灵的强大精神力量，也绝不仅仅是由于作者的形象思维和作者的文采，而是首先和作者几十年来的人生感悟分不开——这种"感悟"是作者通过对社会上各种人际关系进行深刻的逻辑分析、推理后所做出的关于人生价值的判断，所以这种艺术魅力和精神力量也是和作者的逻辑思维分不开的。

以上事实表明，逻辑思维虽然不能直接产生灵感或顿悟（灵感或顿悟总是来自形象思维或直觉思维），但是对创造性目标的实现却有指引和调控作用，离开逻辑思维的这种作用，光靠形象思维和直觉思维，创造性活动是不可能完成的。泰勒和贝克等人虽然曾和魏格纳有过同样的观察和想象（即有过同样的灵感或顿悟），但最终仍停留在原来的想象水平，不能实现理论上的创新，其原因盖出于此。

12. 创新思维训练习题

巧排队列

24 个人排成 6 列，要求每 5 个人为一列，请问该怎么排列好呢？

升斗量水

一长方形的升斗，它的容积是 *1 升*。有人也称之为立升或公升。现在要求你只使用这个升斗，准确地量出 *0.5 升*的水。请问应该怎样办才能做到这一点呢？

违纪开车

在美国城市街道的交叉路口上，明文规定着，有步行者横过公路时，车辆就应停在人行道前等待。可是偏偏有个汽车司机，当交叉路口上还有很多人横过马路时，他却突然撞进人群中，全速向前跑。这时旁边的警察看了也无所谓，并没有责怪他。你说这是为什么？

变换方位

在桌子上并排放有 3 张数字卡片组成三位数字 216。如果把这 3 张卡片的方位变换一下，则组成了另一个三位数，这个三位数恰好用 43 除尽。是什么数、怎样变换的？

月球飞鸟

月球上的重力只有地球上的六分之一。有一种鸟在地球上飞 20 公里要用 1 小时，如果把它放到月球上，飞 20 公里要多少时间？

诚实与说谎

A、B、C、D4 个孩子在院子里踢足球，把一户人家的玻璃打碎了。可是当房主人问他们是谁踢的球把玻璃打碎的，他们谁也不承认是自己打碎的。房主人问 A，A 说："是 C 打的。"C 则说"A 说的不符合事实。"房主人又问 B，B 说："不是我打的。"再问 D，D 说是"A 打的。"已经知道这 4 个孩子当中有 1 个很老实、不会说假话；其余 3 个都不老实，都说的是假话。请你帮助分析一下这个说真话的孩子是谁，打碎玻璃的又是谁？

最后一个字母

英语字母表的第一个字母是 A。B 的前面当然是 A。那么最后一个字母是什么？

沉船

某人有过这样一次经历：他乘坐的船驶到海上后就慢慢地沉下去了，但是，船上所有的乘客都很镇静，既没有人去穿救生衣，也没有人跳海逃命，却眼睁睁地看着这条船全部沉没。

火车过隧道

两条火车轨道除了在隧道内的一段外都是平行铺设的。由于隧道的宽度不足以铺设双轨，因此，在隧道内只能铺设单轨。

天下午，一列火车从某一方向驶入隧道，另一列火车从相反方向驶入隧道。两列火车都以最高的速度行驶，然而，它们并未相撞。这是为什么？

车祸

车祸发生后不久，第一批警察和救护车已赶到现场，发现翻覆的车子内外都是血迹斑斑，却没有见到死者和伤者，为什么？

吊在半空中的管理员

当夜总会的侍者上班的时候，他听到顶楼传来了呼叫声。他奔到顶楼，发现管理员腰部束了一根绳子被吊在顶梁上。

管理员对侍者说："快点把我放下来，去叫警察，我们被抢劫了。"管理员把经过情形告诉了警察，昨夜停止营业以后，进来两个强盗把钱全抢去了。然后把我带到顶楼，用绳子将我吊在梁上。警察对此深信不疑，因为顶楼房里空无一人，他无法把自己吊在那么高的梁上，那里也没有垫脚之物。有一部梯子曾被这伙盗贼用过，但它却放在门外。

然而，没过几个星期，管理员因偷盗而被抓了起来。你能否说明一下，没有任何人的帮助，管理员是怎样把自己吊在半空中的？

正确答案

（1）巧排队列答案：排成六角形。

人们在日常生活中对于排列，往往局限于横排或者竖排，但5人为一列，排成6列，显然24人是不够排的。所以不打破常规，这个问题是解决不了的，由于人数不够排列时必须要考虑有的人要兼任两个队列的数目，这样排列时，就不难考虑出六角形的形状。

（2）升斗量水答案：用升斗斜着量就可以做到。

旧有的思维习惯紧紧追随着我们，我们使用量杯或升斗时，常习惯于平直地计量体积。当你为解答这道问题而愁眉不展时，你可能从没想到改变一下升斗的摆放测量方式，把升斗歪斜使用、改变虽然很小，却是打破习惯和思想解放的表现。有时是很难迈出的一步。与这个问题相似，日常生活中有些货物难以进入狭窄的门口时，就需要上下颠倒或前后左右歪斜。那些不知转动变通、进退维谷、束手无策的人，只能说明他们的头脑僵化罢了。那些思维有创新的人是不会被这些难题难倒的。

（3）违纪开车答案：你一定想，车开进了人群，会出人命的，警察怎么这么不负责。可是题中并没有说汽车司机开着车呀！在日常生活中，提到汽车司机，人们的头脑中就会出现司机驾驶着汽车的形象，所以，好多误解是我们没有认真看题的结果。汽车司机步行也是可以的，如果他步行着走进人群，全速向前跑，警察当然不会管了。

（4）变换方位答案：恰好用 43 除尽的三位数有 129、172、215……你要心中有数，与 "216" 比较怎样变动可以满足要求。可将 "216" 中 "21" 左右交换为 "12"，再把 "6" 的那张卡片上下倒置变为 "9" 即可变为 "129" 被 43 所除尽。

说到变换 3 张卡片的位置，多数人只想到卡片的左右位置交换，没有想到把卡片倒置。上下交换是一种新思路。这种新的思路并不只限于解决这一问题，和你有关的空间位置问题都可用新的思路去解决。

（5）月球飞鸟答案：你必须知道月球上简单知识才能回答。如果你认为重力小飞行快而用 $60/6 = 10$（分），那么这个答案将是荒谬的。因为月球上没有氧气，鸟根本没法呼吸，自然也就不可能飞了，恐怕它刚展开翅膀就会死掉。

（6）诚实与说谎答案：说真话的是 C；打碎玻璃的是 B。

思考方法是这样的、将所得到的材料，根据所给定的条件，一个个地排除这个问题的不可能方面，逐步缩小问题的范围，进而解决问题，这是推理的一个好方法。因为 4 个孩子当个只有 1 个说了真话.所以可推理如下：

假如 A 说的是真话，那么 B 说的也是真话了，2 个孩子都说真话，不符合所设条件，所以可以断定玻璃不是 C 打破的。同理 D 说的也不是真话、所以玻璃也不是 A 打破的。经过大浪淘沙，只剩下孩子 B 与 D 了，假如打碎玻璃的是 D，那么 B 与 C 都说了真话，所以打破玻璃的必然是 B 了，而说真话的是 C。

（7）最后一个字母答案：太容易了，你可能脱口而出"是 Z"可是难道你不觉得这样答太容易了吗？"过分容易"的问题、你更要全面思考，认真回答。Z 是 26 个字母中最后一个，题中问的是英语字母表的最后一个字母，不知你体会到了题中用意没有。正确答案应该是

T。因为 alphabet（字母表）的第一个字母是 A，最后一个字母是 T。ALPHABET。

（8）沉船答案：在潜水艇里。

（9）火车过隧道答案：两列火车在不同的时间里驶入隧道。

（10）车祸答案：这是一辆献血车。

（11）吊在半空中的管理员答案：他是这样做的：他利用梯子把绳子的一头系在顶梁上，然后把梯子移到了门外。回来时带进一块巨大的冰块，这冰块是事先放在冷藏库里的。他立在冰块上，用绳子把自己系好，然后等时间。第二天当侍者发现他的时候，冰块已完全都融化了，管理员就此被吊在半空中。他真狡猾，是吗？

第六章

学生的想象力教育培养

1. 什么叫想象力

想象力是人在已有形象的基础上，在头脑中创造出新形象的能力。比如当你说起汽车，我马上就想像出各种各样的汽车形象来就是这个道理。因此，想象一般是在掌握一定的知识面的基础上完成的。

想象力是在你头脑中创造一个念头或思想画面的能力。在创造性想象中，你运用你的想象力去创造你希望去实现的一件事物的清晰形象，接着，你继续不断地把注意力集中在这个思想或画面上，给予它以肯定性的能量，直到最后它成为客观的现实。

想象力的伟大是我们人类比其他物种优秀的根本原因。因为有想象力，我们才能创造发明，发现新的事物定理。如果没有想象力我们人类将不会有任何发展与进步。爱因斯坦之所能发现相对论，就是因为他能经常保持童真的想象力。牛顿能从苹果落地，而想象到万有引力这一个科学的重大发现都是因为有了想象力。

根据现代科学推论人类最早的想象力源于火，我们的祖先曾经过着和动物一样过着茹毛饮血的生活，食物都是生吃。一次闪电产生森林大火烧死了很多动物，我们的祖先跑了出来，也有部分烧死在森林里面。因为肚子实在太饿，他们只有拿那些烧熟的以死亡的动物来吃。这一吃他们发现竟然很好吃，煮熟的食物能让人体更好的吸收营养。另一方面动物体内的寄生虫也因为火的作用而杀死从而减少人类疾病的发生。

食物的吸收产生大脑含量的增加。我们的祖先看着跳动的火苗就开始七想八想的，想怎么样把火保持下来。想怎么样利用火取暖。想怎么利用火去干一切对自己有利的事情。这样，渐渐就通过想象力创造了文字、语言、科技……发明一些新的事物。如火烧的过食物使人类体能增加，其他动物都是很怕火的，我们的祖先就利用火战胜了这些动物。能力的增加又使他们开始对未知事物感兴趣，于是就开始了探索之路。

所以我们全人类都应该感谢：火。

因为火我们人类的祖先才能走到今天的这样的面貌。没有火也就没有我们人类今天的面貌，是火使我们人类成为地球上高等智能生物。海洋里面有没有比我们更聪明和更厉害的生物，暂时还不知道，只有能等待着你我去探索发现和研究才能解开这些未解之谜。

2. 想象力的形式

在谈想象力的培养前，我们首先来看想象力的几种形式。

空间想象力

空间想象力主要是指在头脑中要能浮现出真实物体的形状或形象。前面说的建筑师由于要考虑房子的三维形状，发达的空间想象力肯定是必不可少的。类似地，机械工程师同样要考虑各种零配件的形状，以及这些零配件组合状况，甚至还要考虑一套机械系统运动起来的状况，这些都要在头脑中进行，这当然也是空间想象力。

搜索联想

在头脑中进行搜索联想，考虑采用什么。比如爱迪生在发明点灯时，不断在头脑中考虑采用什么材料做灯丝。而一个流落荒岛的人，手边没有刀，但他需要一个切割东西的利器，他在头脑中进行了一番搜索联想，最后采用了一块石头将其打碎后，然后挑取其中一块比较锐利的薄碎片，这样他就有了切割工具。司马光救人时，在头脑中迅速地联想，然后想到了采用一块石头来砸碎缸。一群人到野外游玩时，要喝饮料却发现没有吸管，这时候其中一个人在麦田中折了一根麦管，这样变通的想法也很有想象力。

还有这样一个例子，一个年轻人在工程队中从事道路施工的工作，当工程队挖坑修路时需要一个红灯泡来提醒路人。但是不巧，正在修路时却发现红灯泡没了，只有普通的灯泡。在别人不知该怎么办时，这个年轻人想出了一个主意，他找了一块红布将灯泡裹上，这样就起到了红灯泡的作用。这个年轻人显然很有想象力，他最后发展得很不错，受到了提拔重用，从一个普通的员工变成一个独当一面的领导者。

自动组合

在头脑中将采用的各要素进行组合。比如，时装设计师会在头脑中考虑采用什么样的面料，什么样的颜色，什么样的款式，然后将这些面料颜色款式等要素不断在头脑中进行组合变化，最后在头脑中形成一套搭配合理，令人赏心悦目的一套服装。

音乐家在作曲时，会在头脑中反复想象，以将不同的音符组合成一段美妙的旋律，然后又能将若干段旋律组合成一只好听的曲子。在考虑演奏这首曲子时，还要在头脑中反复实验来确定由什么样的乐器来演奏，哪一段旋律应该有什么样的乐器组合在演奏。这样的组合实验是在头脑中反复进行的，如果没有较为发达的想象力，是不足以胜任的。

对于舞蹈设计者而言，他们所要考虑的组合是手臂的姿态、腿脚的姿态、躯干及头的姿态之间的组合，这些不同的组合组成了千变万化的舞蹈动作。而如果是集体的舞蹈，则舞蹈演员在舞台上的形成的不同位置组合又会形成不同的舞蹈场面。显然，舞蹈的创作是需要舞蹈设计者在头脑中反复编排的。

而足球教练员会在头脑中考虑该如何从数十名乃至于上百名球员中，挑选出一个 11 人组合方案，来进行比赛，而这 11 人在场上又可以形成不同的位置组合阵容。这种组合方案是有非常多的选择的，如何确定最适合比赛的阵容，需要在头脑中不断模拟、反复进行。

富有想象力的厨师，会将别人意想不到的配料搭配组合在一起，并且在各种配料的先后烹饪顺序（即火候）上也有独特的创新。而平庸的厨师则是仅仅按照既有的菜谱，循规蹈矩地重复着以往的程序。

孙膑的"田忌赛马"也是如此，本方有三种马，对方也有三种马，如果进行较量会有很多种组合次序，但孙膑在头脑中进行一番组合，排出了"优对良，良对劣，劣对优"的组合次序，这样的方式显然比一次赢一次。

前面家庭主妇做家务的例子也是如此，她如果考虑好了做家务的时间次序组合，则省时省力。如果没有排好次序组合，则效率大大降低。

看过了家庭主妇的例子，再来看看雄才大略的朱元璋。在平定南方后准备北伐之际，朱元璋与手下讨论如何进行北伐。常遇春说，直接集中兵力去攻打元都。朱元璋却说不可，他认为：元朝百年都城，防御必严，工事必坚，假定大军孤军深入，元军断我粮道，攻城非一日可克，元朝四方援军可至，进退无据，大势去矣。故宜先取山东，撤掉大都屏风；回师下河南，断其羽翼；进据潼关，占其门户。待彻底扫清其外围据点，确保粮道畅通，再进围大都，自然水到渠成，手到擒拿。由上可以看出朱元璋过人的想象力。如何北伐有很多种进攻路线或很多种进攻策略，但朱元璋发达的想象力却使其能够在头脑中将这些进攻路线一一模拟出来，摒弃掉不利于己方的进攻次序，然后审时度势地选择出最好的进攻次序，从而保证了北伐的顺利进行。

综合考虑

在做事前，应对可能发生的事情有所预料，并采取相关对策。比如两个棋手下棋，水平高的就要考虑自己走一手棋后，对方该怎么走。如果对方走马怎么办，如果对方走车怎么办，如果对方出杀招该怎么办。如果对于对方的种种走法不加考虑的话，那是无法提高自身的棋力的。国际象棋、围棋也是如此，国际象棋冠军卡思帕罗夫能够同每秒运行数万亿次的"深蓝"一较高下；职业围棋选手李昌镐、常昊这样的高手不仅能够在走每步时考虑种种情况，甚至能把这种考虑延伸到百步开外，他们发达的想象力着实令人叹为观止。

另外，一个打入敌方的特工人员，更要考虑种种情况。他要考虑当敌人盘问自己时该怎么回答，当敌人故意考验自己时该怎么办，当与敌人在一起时却遇到不明真相的自己人该怎么办，等等。只有反复在头脑里想象过这些情况，特工人员才可能保护好自己并且完成好任务。

一个工程师设计电梯时，工程师也要考虑种种情况。比如当电梯停在 8 楼时，15 楼有人摁钮之后，9 楼又有人按钮，这种情况该怎么处理；当上升的电梯正要运行到 9 楼时，7 楼和 13 楼的人同时按钮怎么办；当同一楼层有人连续按动了好几次的按钮该怎么办等等。电梯并非是高科技产品，但我们仍可看到电梯的设计具有相当的复杂性。

再比如古代一个带兵打仗的将领，当他安营扎寨时，必须考虑各种情况的发生，如敌人派奸细混入怎么办，如敌人夜袭怎么办，如敌人火攻怎么办，如敌人骚扰怎么办，等等。这些情况都应在头脑中进行模拟，然后制定出一个较为完善的驻扎方案。如果毫不考虑，一旦有情况发生，则会手忙脚乱、自乱阵脚。

而在现代战争中，情况更为复杂，无论攻防都需要考虑更多的因素。朱可夫在指挥气势恢弘的斯大林格勒保卫战时，他要在头脑中反复地演练攻防的场景，反复地考虑敌方会采取什么样的行动，以确定自己的兵力该如何配置，防御该如何展开。而敌方将领也在绞尽脑汁地考虑如何能进攻得手。双方的较量从某种程度上来说，就是各自统帅的想象力的较量。最后，朱可夫更胜一筹，不但成功地挫败了德军的进攻，而且还指挥苏军成功地转入了反攻。

头脑演示

小说家、科幻作家、编剧、导演的想象力主要是这一类型的，他们要在头脑中考虑人物的音容笑貌，想象故事的发生发展，这是一种比较标准的"在头脑中模拟事情发生发展"的想象力形式。

我们注意到，许多事情所需要的想象力实际上并不是单一的形式，而是表现出很多形式，比如上面足球教练，他既要能在头脑中演练战术组合，也要考虑比赛过程中出现的种种情况。而作家不仅要能在头脑中展开故事情节，其还需要在动手写作时进行词语的排列组合以形成顺畅的语句，还要反复在头脑中模拟整个小说的结构该如何搭配。其他如电影导演、总工程师、战役的统帅等等都是如此。

以上所谈及的各种想象力的形式并不能涵盖所有的想象力，但不管是怎样形式的想象力，它们都有一个共同的特征，那就是在头脑中模拟事物的形象、模拟事情运行，以及在头脑中反复做实验。

3. 想象的规律

想象的功能

第一，预见功能。想象具有预见功能。心理学的研究表明，人从事任何活动（包括学习活动）之前，都必须首先在头脑中确立定向目标，即能够想象出活动过程及其结果，一旦活动过程结束，将是头脑中预定观念的实现，于是人的活动就有了主动性、预见性和计划性，这有助于活动的顺利完成。科学家的发明、工程师的设计、作家的人物塑造、艺术家的艺术造型等活动都离不开人的想象，都是想象预见性的体现。学生的学习也是一样，一个想象力贫乏的学生，他考虑问题的思路必然狭窄，也不可能有很高的分析问题和解决问题的能力，其智力发展也是不充分的。

第二，补充功能。想象具有补充功能。在现实生活中，有许多事物是人们不可能直接感知到的。如由于时间、空间的限制，原始人生活的情景、千百万年前发生的地壳变动和历史变迁、远方的风云变幻、各种宏观世界与微观世界的结构与运动状况等，我们要直接感知是很困难的，有的甚至是不可能的。在这种情况下，我们可以借助想象，弥补人类认识活动的时空局限和不足，超越个体狭隘的经验范围，扩大人的视野，对客观世界产生更充分、更全面、更深刻认识。

第三，替代功能。想象具有代替功能。在现实生活中，当人们的某种需要不能实际得到满足时，可以利用想象从心理上得到一定的补偿和满足。例如，儿童想当一名飞行员，但由于他的能力所限而不能实现，于是就在游戏中，手拿一架玩具飞机在空中舞起来，满足了自己当飞行员的愿望。在哑剧的表演中，许多布景和实物是通过演员形象化的动作来唤起观众的想象而获得良好效果的。在日常生活中，人们也常常从想象中得到某种寄托和满足。为此，生活因梦想而升华，因梦想而完美。

再造想象产生的条件

再造想象的产生应具有以下三个条件。

第一，必须具有丰富的表象储备。表象是想象的基本材料，一个人的知识经验越丰富，表象储备越多，再造想象的内容也就越丰富。再造想象不仅依赖于已有表象的数量，而且也依赖于已有表象的质量，正确反映客观现实的材料越丰富，再造出来的想象内容就越正确。如果缺乏必要的表象材料，在想象时就有可能歪曲事物形象，或者无法产生所要求的形象。

第二，为再造想象提供的词语及实物标志要准确、鲜明、生动。

准确、鲜明、生动、形象的语言及实物标志便于人们理解并正确地再造想象，而含糊不清、模棱两可的东西，人们就很难正确、逼真地进行想象。例如，古代描写女子用"樱桃口""杏核眼""柳叶眉"等作比喻来描述，显得十分形象、逼真，想象起来也比较容易。一个建筑设计师设计的建筑图纸使用的有关符号、标志必须准确清楚，才能在建筑工人头脑中形成相应的建筑物的形象，否则别人看不懂或出现曲解。

第三，正确理解词语与实物标志的意义。再造想象是依赖语言的描述和图样的示意而进行的。一个人读小说，如果读不懂文字，他头脑中就不可能有小说中主人公的形象出现；一个建筑工人，如果不懂建筑符号的表现法，他也无法看懂建筑图，头脑中也不会出现相应的建筑物的形象；一个刚入学的儿童，在他识字和掌握词汇不多的情况下，让其阅读古诗文，是很难形成丰富的再造想象的。可见，正确理解有关事物的描述，了解图样、图解的表现法和各种符号的含义是形成再造想象的重要条件。

创造想象产生的条件

第一，创造动机。人在社会生活、社会实践中，社会不断地向人们提出创造新事物、解决新问题的要求，当这种要求一旦被人接受，就会在人脑中变成创造性活动的需要和愿望。如果这种创造的需要和愿望与活动结合，并有实现的可能，就会转化为创造性活动的动机，人们就获得了创造想象的动力，也就会进行创造想象。

第二，丰富的表象储备。进行创造想象，首先要对有关事物进行细致观察，储备丰富的表象材料。因为，想象决定于已有表象材料的

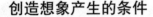

数量和质量。表象材料越丰富，质量越高，人的想象也就会越广、越深，其形象也会越逼真；表象材料越贫乏，其想象越狭窄、肤浅，有时甚至完全失真。鲁迅曾说过："如要创作，第一须观察，第二是要看别人的作品……必须博采众家，取其所长，这才后来能够独立。"托尔斯泰在《战争与和平》一书中创造的娜塔莎的形象是基于观察和分析他熟悉的两个人的性格和特点塑造成的，这两个人分别是他的妻子和妹妹。

第三，积累必要的知识经验。要进行创造想象，还必须对有关领域进行深入研究，掌握必要的知识。每一个发明创造都是发明者对相应领域深入研究的结果。例如，牛顿对物理学的研究，发现了三定律；达尔文对生物学的研究，写出了《物种起源》；李时珍对医药学的研究，写出了著名的医药书《本草纲目》。可见，只有就某一领域深入研究，掌握必要的知识，才能在相应的领域展开想象的翅膀，进行创造想象。

第四，原型启发。所谓原型，就是起启发作用的事物。任何一个人对某一项目的发明创造或革新，都不是凭空想象出来的，在开始时总要受到某种类似的事物或模型的启发。例如，鲁班从丝茅草割破手得到启发，发明了锯子；阿基米德原理是阿基米德在洗澡时看见水溢出盆外得到启发而发现的；瓦特发明蒸汽机是受到蒸汽冲开壶盖的启发；现代仿生学则是在生物的某些结构和机能的启发下，进行科学想象，研制出许多精巧的仪器。原型之所以有启发作用，是因为事物本身的特点与所创造的事物之间有相似之处，存在某些共同点，可以成为创造新事物的起点。某一事物能否起到原型启发的作用，还取决于创造者的心理状态，特别是创造者当时的思维状态。当人的思维积极而又不过于紧张时，往往能激发人的灵感，从而导致人的创造活动。

第五，积极的思维活动。创造想象不是一般的想象，而是一种严格的构思过程，必须在思维的调节支配下进行。积极的思维活动就是在创造想象过程中，要把以表象为基础的形象思维与以概念、判断、推理为手段的逻辑思维结合起来。一方面，有理性、意识的支配调节；另一方面，积极捕捉生活经历中各种有利于主体目标形象产生的表象，并迅速地把它们组合配置，完成新形象的创造思维活动。

第六，灵感的作用。在创造想象的过程中，新形象的产生往往带有突然性，这种突然出现新形象的状态，称为灵感。例如，我们有的时候写文章，虽然经过长期构思酝酿，但久久不能落笔，突然某一天灵感来了，思路有了，文章一气呵成。灵感出现时的特征：注意力高度集中于创造的对象上，意识活动十分清晰、敏锐，思维活跃。"思如泉涌"指众多新事物、新形象、新观念，不知不觉涌入脑中，它们相互结合、聚集或强调、突出，很多旧有的记忆被唤起，新形象似乎由天而降，使人突然茅塞顿开。灵感并不是什么神秘物，它是想象者个人在长期生活实践中勤于积累经验的结果。由于注意力高度集中于要解决的问题，过去积累的大量表象被唤起，并且迅速结合，构成了新的形象。正如大发明家爱迪生所说，天才，就是百分之一的灵感加百分之九十九的汗水。柴可夫斯基说得好，灵感是这样一位客人，他不喜欢拜访懒惰者。

此外，创造思维能力、高水平的表象改造能力、丰富的情绪生活、正确的理想和世界观也是创造想象的条件。

4. 想象力的好处

无论在生活中还是在工作中，想象力都有着广泛的应用。我们应该对这种能力进行有意识的培养，那么想象力究竟有那些好处呢？

在很多方面，想象力是必不可少的

在我们的生活中以及工作中，很多事情都有现成的答案，我们只需要记住该怎么办就可以处理好事情了。比如我们买回一台新式样的彩电，虽然彩电的功能很多，但是我们只要翻阅一下使用手册，记住相关操作，我们就可以自如地操纵电视机来观看节目了；一个商店售货员，虽然商店中的商品很多，但是只要她记熟各种商品的价格之后，就可以完成售货工作；汽车装配流水线上的工人只需要记住几项操作，然后非常熟练地完成即可；而一名擅长题海战术的学生，其通过大量地做题熟悉了相当多的题目做法，当其在考试中面对很熟悉的题目时，只需将记住的做法写上去就可以了。显然，以上所说的事情，有了记忆力，记住该怎么做就行了。

很多人也总是想方设法地提高自己的记忆力，希望在面对任何问题时都能够用记住的东西照办。记忆力当然很重要，而且我们确实要记住很多东西来完成生活和工作中的任务。

然而，还有相当多的事情，并不是像上面那样都有现成答案的。若想完成任务，需要具备想象力，要能够在头脑中反复地做实验，然后筹划出方案。比如上面说的建筑设计师，其必须在头脑中进行反复地想象，考虑外形该怎么设计，该采用什么样的内部结构，什么样的外形与结构搭配才是合理的，只有经过这种在头脑中不断的试验磨合才能形成一个好的方案，如果他仅是照抄别人设计的建筑物，那他也不能被称为建筑设计师了。

同样，一个服装设计师，如果不能在头脑中运用想象力进行各种面料、色彩、款式的组合搭配，不能设计出新款服饰，那他也只能被称为服装裁剪师；音乐家当然也要能在头脑中进行各种音符的组合，旋律的搭配，经过反复实验后，才能创作出曲子来。

一个钟表设计师进行进行钟表机械设计时，如果他不具备发达的想象力，不能在头脑中进行机械结构的三维立体想象，那他根本不能设计钟表。

一名战役指挥者，也要能根据不同的对手、不同的环境、不同的气候条件，来在头脑中进行反复的战术攻防演练，从而设计出一套作战方案。

所以，对于设计、策划、创作以及制定计划等这类较为复杂的工作，想象力是必不可少的，仅靠记忆力是根本不能完成任务的。

较为发达的想象力能够使人制定出较为完善的方案

仍以建筑设计师为例，如果他没什么想象力，或想象力不够发达，不能够在头脑中不断地进行反复想象。则他的设计方案很可能不够完善，比如仅对建筑的外观进行了一番考虑，却没有对内部结构进行有针对性的设计。当这样草率的方案付诸实施后，在施工到一半时，忽然发现建筑物内部结构强度不够，则必须推倒重建，这样就耽误了工期，滞后了进度，并且造成了很大的经济损失，而建筑师很可能也会为此丢掉工作。而如果他具有非常发达的想象力，能够在制定方案前，通过不断地在头脑中模拟房屋的建筑，则会最大限度地避免此类情况的发生。

对于一名营销人员来说也是如此，如果其在约见客户之前不在头脑中模拟见面时的场景，也不想象会出现什么情况，什么也没考虑，则面对对方抛出的问题，仓促之间很难给出一个令客户满意的答复，那么这次会面十有八九会失败。

而家庭主妇在做家务前，没在头脑中进行一下计划，没有安排好做事的顺序，比如她决定先扫地，再擦拭家具，然后再洗衣服。可以想象，如果先扫完地再擦家具，而擦家具会落下灰尘及纸屑，这样刚扫过的地又会被弄脏，还得重扫一遍。而把洗衣服安排在最后做，这会使得洗衣机自动漂洗衣物时，家庭主妇无事可干。这样的安排次序既费力（多扫了一遍地）又浪费时间，这种低效率的做法显然不是一种好的选择。

由此可见，如果具有了相当的想象力，则会在做事前通过在头脑中的反复实验，从而选定一个比较完善的方案，这显然会使做事效率高且易成功。

想象力不需要什么成本

由于想象力是在头脑中做实验，所以运行快，而且不需要什么成本。

比如孙膑的田忌赛马，孙膑想出调换己方上中下三等马的出场次序从而赢得了比赛，这个方案非常巧妙。而孙膑并没有真正让实际的马做实验，他仅是在头脑中演练了若干种次序，显然这样节省时间，也不需要什么消耗。而如果真的让各种马匹按照不同的出场次序进行实际的演练，那就得需要非常大的排场，而且也需要耗费相当长的时间。

再比如我们搬入新居进行家具摆放时，如果我们毫无想象力，一遍一遍地摆放各个家具到不同位置，然后观看摆放是否合理，显然这样极为麻烦，又费时又费力。而如果我们在摆放家具前，先在头脑中想象一下家具的摆放位置，当想出较为合理的布局后，再进行实际的搬动，显然这样就方便多了。

发达的想象力还可以使人反应迅速

最典型的例子是司马光砸缸和曹冲称象。这两个例子中，两个小孩反应都非常迅速，在较短的时间内就想出了很好的解决办法。司马光快速的反应救了小孩一命；而曹冲快速的反应，则使得问题在现场就得到了很好的解决。另外，曹冲想到的称象的办法是一个相当有想象力的创意。这么短时间内能够想出这么好的方案，如果他生在现代，不受四书五经的束缚，肯定大有一番作为。

另外，许多人反应很快，这一方面是由于他们确实能在短时间内进行快速地想象、快速地在头脑中做实验。另一方面的原因则是，他们早已预见到了问题的发生，而且早已在头脑中想好了对策，所以当问题发生时，只需按照事先想出来的方案照办就是。比如一名优秀的辩手，其在实战中表现出的机敏、快速以及妙语连珠，实际上相当程度上来自于平时在头脑中进行的反复演练。

5. 影响想象力的因素

想象力作为人的一种思维能力，其与多方面的因素相关联。

热情可以极大地促进想象力的发展，而情绪不高则会使想象力的发展受到抑制。爱迪生一生都在发明创造，正是其充沛的热情使其即使到了老年仍然创意十足，他的许多世界级发明不仅影响了人类历史的进程，而且也给民众的生活带来了极大的便利。而应试教育下的中国学生，每天不得不日复一日地背书做题，烦闷压抑的生活极大地束缚了想象力的发展，这使得许多学了十多年的学生想象力贫乏，以至于在从事设计、策划及制定方案等技术含量非常高的工作时显得勉为其难。

想象力也要与逻辑思维结合起来，如果想出来的方案虽然很奇异但却不符合事实不符合逻辑，这样的方案就是没用的方案。

另外，想象力是以自身的知识和经验为基础的，如果一个人在某个领域毫无专业知识和经验的话，那么他在这个领域中也谈不上什么想象力。就好像一个象棋高手，虽在棋盘上来去纵横，但如果他毫无军事知识，也无任何作战经验，那么他不可能设计出一个完善的作战方案。前面说的朱元璋，其之所以能够在整个中国的版图上展示其想象力，这与他丰富的战斗经验是分不开的，他曾在决定性的鄱阳湖大战中亲自指挥战斗，在这场决定性的战役中，朱元璋击败了陈友谅，从而平定了南方，为北伐奠定了稳固的后方基础。如果他没有丰富的战斗经验，他是不会制定出既雄心勃勃又缜密踏实的作战方略来的。周星驰的喜剧表演天马行空、极具创意，但其中的许多笑料也是其直接从模仿其他电影、模仿别人的可笑行为以及观察市井生活中得来的。如果他没有深厚的笑料积累，他是无法创造出那些极具想象力的表演的。至于爱因斯坦经常在头脑中做的相对论实验，更是需要高深的物理知识作为基础。

6. 培养想象力的重要性

站在一个功能化的立场来看，我们的智能可能被过于简单地描述为以下方面：

（1）吸收功能——观察和施加注意力的能力。

（2）记忆功能——能够记住和回忆的能力。

（3）推理功能——能够分析和判断的能力。

（4）创造功能——能够形象化、预见和产生点子的能力。

如今的"电脑"在某种程度上可以执行上面的头三项功能。但是，尽管如此，似乎可以确定的是：永远也没有机器可以想出点子来。尽管阿尔贝特·爱因斯坦的声明——"想象力比知识更重要"也许会遭受质疑，但几乎显而易见的是，当知识被创造性地应用时，它会更强大有力。

创造性想象的潜在能力几乎是无限的。举例来说，法国"科幻小说之父"儒勒·凡尔纳几乎一直呆在他宁静的住所里，不过他发现，自己的想象力能够将他带到海角天涯，去到水下 1 万公里的地方，甚至遨游到月球。那些对其想法嗤之以鼻的人，儒勒·凡尔纳所做出的反驳是："不论一个人的想象力有多厉害，其他人也一样可以做到。"

70年前凡尔纳想象出的潜水艇，在如今，成了真实的事物。除了一点不同——现在的潜水艇靠原子能供应动力。

长久以来，最伟大的思想家们都认同，事实上，人类头脑的原始能力是想象力。他们赞成莎士比亚的结论，这种上天所赋予的潜能使得人类"从动物中脱颖而出"。

社会文明本身就是创造性思维的产物。至于想法在人类发展进步中意味着什么，英国作家约翰·梅斯菲尔德写道："人的身体有缺陷，其心不可知，但其想象力使之出人头地。数百年来，人的想象力使得在这个行星上的生活，成为对所有更加有趣的能力的一场激烈的实践。"

一位耶鲁大学的教授评价说，感谢由人所创造的机器，如今他能够雇用到的一个平常人的工作能力相当于120个奴隶的劳动力。

查尔斯·克德林确信，这种进步能够继续下去，他说："每一次你撕下日历上的一页，你就为新点子和发展进步腾空了一个新的空间。"

想象是智慧的翅膀，是思维的特殊形式，是创造的前提。想象可以使人"思接千载，视通万里"，就是说想象可以打破时空的界限，使人的心理更为丰富充实。如果没有想象，人们的活动就无法进行创造和提高，也不可能事先在头脑中构成关于活动本身及其结果的各种表象。人们对未来的预见，一切科学上的新发现、新发明，新的艺术作品的创作，各种科学知识的学习等等，离开想象力都无从谈起。

想象力在人们认识世界和改造世界的活动中起着十分重要的作用。人们在改造世界的劳动中，不断地遇到新问题，不断地有新的发现，不断地有新需求，正是因为人们有了许多奇特的想象，再加上"敢想敢干"的大无畏精神，所以，新生事物层出不穷，从而推动着人类文明的进步和发展。

人类看到鸟儿在蓝天里飞翔，从此，向往蓝天，梦想腾飞。无论是诗仙李白的千古绝唱"安得生羽毛，矫翼思凌空"，还是明朝万户飞天的壮举，都体现出人类由古到今做着同样美丽的飞天梦。

上世纪初，随着美国赖特兄弟的飞机升空，由此看到了飞天技术的广阔前程。经过百年来不懈的努力，人类对航空、航天领域的探索取得了辉煌的成就，从苏联的加加林首次飞向太空，到中国的杨利伟、费俊龙、聂海胜神五、神六号载人飞船飞向太空，人类航空、航天事业飞速发展，谱写了一曲曲征服宇宙的壮丽颂歌！实现了人类的飞天梦想！

建国初期，人们对于"电灯电话，楼上楼下，点灯不用油，耕地不用牛……"只能是一种美好的幻想，才短短的40多年，我国城乡建设飞速发展，高楼大厦比比皆是，现代化的移动通讯连通全球，拖拉机、收割机等大型农业机械代替了昔日落后的生产方式，当年的梦想变成了活生生的现实。

可见，想象力在人的思维中用处极大，它无处不在，无奇不有。特别是在文学领域，许多事物，包括某些人物形象都是想象的结果。如儿童卡通故事，恐龙、怪兽、超人、奥特曼、外星人……都是作者虚构的超出人类思想的怪异形象。但是，它在孩子们的眼力却是力大无比，无所不能，无往不胜的英雄。这在现在看来只是一种美好的想象，也许不远的将来，人类会在这种想象的启发引导下，真的与外星人取得联系，将会跨星球去旅行！

想象力推动历史进程的实例枚不胜举。大量的事实证明：想象力可以激起人们对美的遐想，可以给人带来美的享受，它是理想的化身，它是未来的蓝图，只要"敢想敢干"，就能心想事成。没有想象，便没有文学艺术，便没有创造发明，便没有科学预见，便没有社会的进步。

想象力如此之重要，它是思维的翅膀，是创造的起点，是创造的核心。它是每个人都应该具备的一种最基本的思维能力。

7. 怎样培养想象力

那么，如何培养想象力呢？想象力极其重要，但幸运的是培养想象力却不需要昂贵的设施以及开阔的场地。如果愿意，我们随时随地都可以培养。

当下棋时，在落子之前尽可能在头脑中多考虑几步，尽量多地考虑一些变化，要设想自己是对方的话会怎么下，如果对方这么下了话，我又该如何对付，如此这般多想几个来回。同样，进行对抗性游戏比如乒乓球时，也要在头脑中模拟双方你来我往的场景，反复地在头脑中进行技战术演练。发达的想象力可以使自己的棋力或竞技水平大幅提高，胜率自然也会大为增加，这反过来又会鼓励自己更愿意发展想象力，从而形成了良性循环。

和友人出去游玩时，可事先在头脑中制定一个出游计划，安排好出游路线，针对旅游中可能出现的各种问题，做好准备，想出好的对策。

当踢足球或打篮球时，要从教练的角度进行考虑，要能在头脑中浮现出比赛的场景，并且在头脑中模拟进行球员调度、战术演练。

还有，多尝试一下做智力题，比如下面三道智力题：

（1）烧一根不均匀的绳子，从头烧到尾总共需要 1 个小时，问如何用烧绳子的方法来确定半小时的时间呢？

（2）现在小明一家过一座桥，过桥时候是黑夜，所以必须有灯。

现在小明过桥要 *1* 秒，小明的弟弟要 *3* 秒，小明的爸爸要 *6* 秒，小明的妈妈要 *8* 秒，小明的爷爷要 *12* 秒。每次此桥最多可过两人，而过桥的速度依过桥最慢者而定，而且灯在点燃后 *30* 秒就会熄灭。问小明一家如何过桥？

（3）有 *12* 个乒乓球特征相同，其中只有一个重量异常，现在要求用一部没有砝码的天平称三次，将那个重量异常的球找出来。

这三道智力题都是典型的考查想象力的问题，都要求在头脑中模拟事情发生，反复地在头脑中作实验，不断试验各种组合。对于前两道题，很多人都能做到仅在头脑中就能运行各种组合，而不必借助纸笔就能得出答案。而第三道题，看似简单，实际上有太多的称量组合方式，比如，第一次两边各放多少个，第二次两边各放多少个，第三次又该放多少个，每次该称量哪些球，哪些球称过了还要再称。显然，称量方式的组合数目大得惊人，由于组合数目过大，使得一般人的头脑运行空间严重不足，还要借助于纸笔来拓展运行空间。

当然，在工作中可以有更多想象力施展的机会，设计一个极有创意的产品，策划出一个效果非常好的营销方案。这样即提高自己的想象力，又能得到薪水的上涨和职位的提升。如果想象力非常发达，当发现公司的内部机构组成不够合理时，还可以在头脑中对整个公司的结构进行机构重组，从而设计出一个更为合理的组织结构，当想象力达到这种程度，已经可以自己干一番事业了。

8. 培养想象力应该注意的问题

了解了影响想象力的其他因素，我们来看这样一个现象：很多人在某个领域极具想象力，而在其他领域内却显得很一般甚至很笨拙。

比较典型的例子是家庭主妇，她们在布置家庭时显得极有灵气、极有创意，许多不起眼的东西经过她们的手便能化腐朽为神奇，成为装点家庭的很好饰物，她们的想象力在家庭的方寸空间内显现得淋漓尽致，这使得小家庭因为她们的想象力而变得温馨十足。还有她们织毛衣时，所采用的针法、毛线以及色彩图案搭配，甚至在开始织毛衣前所做的整体规划，其所表现的想象力都达到了很高的程度。然而，大部分家庭主妇对于自己的工作则没什么想象力，她们刻板地按照既定规程从事着日复一日的工作，在工作后则赶快返回家，不愿在工作岗位上多待一分钟。

我们也经常听说过许多科学家的例子，他们在自己的领域内才气纵横，新鲜大胆有创意的想法层出不穷，而他们在生活方面则显得很差，不会对家居布置有任何想法。对于服饰搭配也毫无想象力，反正老婆让穿什么就穿什么。

另外，许多小说家在小说的创作上也非常有想象力，故事情节的引人入胜，语言的新鲜别致，整体结构的别出心裁，这都体现了他们非凡的想象力。然而他们中的很多人面对一道需要想象力的智力题时，却常常会手足无措。

一个机械工程师在机械设计上具有非凡的想象力，但他在语言表达上却可能辞不达意，更别提形象生动了。

在应试教育下，确实有许多学生在求解偏题、怪题时体现出很强的想象力。但他们却在生活中往往表现得很木讷，经常被说成"书呆子"。

我国民众历来有打麻将的习惯，许多人在打牌时会很灵活地选择和牌组合，甚至还能猜出上下家要和哪张牌，这种想象力也并不差。但是他们中的大多数人一到工作时则毫无创意，普遍想法是能够把工作应付下来就足够了。

那么为什么会出现这种现象呢？原因有如下四点：

兴趣的因素

比如女人更关注于家庭，而男人对于工作则考虑的更多。另外很多人只对自己擅长的领域感兴趣，而对其他领域则兴致不高。而想象力必须要有较强的热情才能得到良好的发展，如果对某事没什么兴趣，则很显然想象力不会得到什么良好的发展。

逻辑思维的欠缺

前面已说过了逻辑思维会对一个人的想象力进行规范，这会使得他构想的方案更加合理。而反之，如果构想出的方案不合情理，在执行中得到失败的结果，这会压抑一个人的创造热情。

学习能力的欠缺

生活中有很多心灵手巧的人，但他们的想象力却不能在更高的层次以及更广阔的范围内进行，这是由于学习能力不强所致。学习能力不强使得他们不能获得精深的专业知识，从而他们的想象力所表现出来的也仅是小发明小创造。

没有意识到在各个领域内想象力其实是相通的

也就是说，不同领域虽然需要不同类型的专业知识，但是对于"在头脑中反复做实验"这样一种思维能力的需要却是共同的。如果没有意识到这一点，这会使得人们不大可能将在自身擅长的领域内所具有的想象力有效地迁移到另外一个领域内。显然，只在某个领域内具有较强的想象力，而在其他领域内想象力贫乏，这会极大地束缚一个人的发展。

从前三点，我们可以意识到想象力是与兴趣热情、逻辑思维及学习能力是密切相关的。如果我们想使自身的想象力得到良好的培养，我们要保持自己的情绪处于积极的状态，并且非常重视逻辑思维及学习能力的培养。

对于第四点，我们则会意识到，我们应尽量拓宽我们的知识面，这里说的知识面不仅是指专业知识的知识面，同时还包括生活经验方面的知识、人际交往方面的知识等等。知识面开阔些则会使人们的想象力形式更为丰富，也会使自身在某个领域内的发达想象力会很方便地应用到另外一个领域内。这无疑会成为对一个人的发展极为有利的因素。

想象力发达就意味着头脑的运行空间被大大地拓展，这样我们的头脑就可以完成复杂艰巨的任务；想象力的发达同时也意味着头脑的反应速度明显加快，这样我们会在较为紧急的时刻作出决断。

我们大多数普通人，不具有刘德华的帅气，没有席琳·狄翁的嗓子，没有超级名模的身材，也没有显赫的家世背景。但是，我们每个人的肩膀上却都顶着一架宇宙中最复杂精巧的器官——头脑。对于我们的头脑，其发展是无限的，如果我们努力培养我们的头脑，使其所具有的想象力不断得到发展，显然我们就可以变得更为智慧，从而在面对复杂艰巨的任务时更加胸有成竹，在面临紧迫的情况时更加从容镇定。能力的提高当然会使我们合理的愿望变得更为易于实现，从而使我们的生活变得更为美好，那么我们为什么不去培养这种"在头脑中做实验"的能力呢！

9. 运用想象力的技巧

想象力的运用是需要脑力的耗费的，也就是说形成一个方案要进行大量的搜索、联想以及反复组合等等思维形式。这些耗费过大的话，会令头脑的运行空间发生"内存溢出"的现象，也就是说运行空间不够了，运行不过来了。因此，有必要在运用想象力时采用一些技巧，以使得我们的想象力更有效率。比如说，在进行搜索联想时为不致使搜索的范围过大，可以优先搜索与我们距离很近、就在手边或很方便采用的东西，这样就大大减少了搜索范围。比如司马光的故事，他即是采用了身边的一块石头解决了问题。

另外，前面说的"组合方式"，如果需要组合的要素太多，则最后的组合无疑是个非常巨大的数目。这会使头脑不堪重负，头脑的运行空间不足以运行这些变化。但如果我们注意到许多组合是无效的，那就不要考虑这些组合，我们只需要考虑有效的组合就可以了。比如，有这样一道智力题：

将下列拼音字母拼出一个属于首饰的两个字词语：

i a g i n l a x n

显然，这些字母如果进行任意组合，其组合数目是非常庞大的。我们的头脑在短时间内进行这样大量的组合是有一定困难的。但如果我们注意到其中的声母 x 及 l 仅能放在拼音的首部，那我们只要寻找拼音开头为 x 及 l 的拼音组合就可以了，而对于开头不为 x 及 l 的拼音组合我们可以不予考虑，显然以这两个字母开头的拼音组合数目就比总的组合数大大减少了，这样我们就会相对容易地就确定出"项链"两个字。

前面所谈的一种想象力形式是"考虑种种情况"，而如果要考虑的情况过多的话，这时应该将这些情况适当地分类或条理化一下。比如上面的电梯设计，对于停在 8 楼的电梯，工程师要考虑 9 楼有人按钮，10 楼也有人按钮，12 楼有人按钮；他还要考虑 7 楼有人按钮，5 楼有人按钮。这时我们可以将这些情况归类为更高的楼层有人按钮，以及更低的楼层有人按钮。这样就简化了情况。

同样，在下象棋时，当考虑对手可能要走哪一步时，显然对方有太多的选择，所以自己需要考虑的情况实在太多。这时可以将所有情况归为几类：考虑对方有没有威胁到己方将帅的杀招；考虑对方有没有吃自己棋子的招法；考虑对方有没有改变局势的招法。在实战时，优先考虑第一种情况，然后再考虑第二种及第三种情况，这样就使问题得到了相当的简化，从而使得想象力更有效率。另外，当面临种种情况时，要优先考虑常见的情况，然后再考虑不太常见的情况。

还有，当遇到问题或需要完成的实际任务时，如果以往有过类似的成功解决问题的经历，那么要首先考虑一下，将以往的方案适当变通一下，以看看是否满足当前的情况。

如果问题特别复杂，头脑的空间已不足以运行，可以考虑用纸笔作记录，这样就可减少头脑的负担。

10. 想象力的训练方法

想象力是整个学习能力的核心，想象力提高了，其它学习力也会跟着提高。反之，想象力下降了，其它能力也会跟着下降。

因此，想象力训练是提升学习能力、同时也是深入开发大脑潜能的关键！

想象力训练的方法很多，要达到最大的效果，需要把握三个原则：快速、清晰、敏锐。

快速：是指想象的速度要快，要尽可能地快，要挑战自己的速度极限。例如，1分钟内记住100个无规律的数字；20秒之内把圆周率100位快速背诵出来，等等。

清晰：是指想象的图像要尽可能的清晰。曼陀罗卡的训练，对于这方面会有很大的帮助。额前的屏幕想象也是非常有效的一个方法。当然，这些方法对于青春期以前的学生会更容易一些。另外，艺术家（尤其是画家）往往具有非常清晰的想象能力。

敏锐：是指能够调动出丰富的感觉。例如，当你想象一个苹果的时候，不仅可以清晰地看到这个苹果，而且能够闻到苹果的清香，甚至能体会到酸甜的感觉，能体会到用手摸上去的光滑的感觉等等。

把想象力的快速、清晰、敏锐这三方面都训练到极致，大脑的潜能就会被激发出来，许多不可思议的能力就会陆续出现。有兴趣的朋友不妨多训练、多体会。

在有限的范围中，要讨论出一个根本地改善想象力的方法，时间实在不够充分。以下，就尽可能地介绍几种既简单又能够提高想象力的方法。

（1）看看天花板的污渍或云朵的形状，然后在脑海中描绘出它的形象。不光只是做一次或两次，做了好几次后，就会出现效果。

（2）在公共汽车车厢，看见某杂志周刊的广告，或是看了某本书的题目，便想象其中的内容，然后，与实际的内容做一比较检查，如此一来，就可以充分地把握自己的想象力。

（3）看书时，采用跳读方式；跳过的地方，运用想象力想象它的内容。

（4）看过电视转播的运动比赛以后，想象第二天报纸的标题，以及报导内容。

（5）以琐碎的小事和资料为基础，创造出一个故事。

（6）和人见面以前，事先预想会面对的状况，并且设想问题。

（7）对于尚未去过的地方，想象它周围的风景，建筑的样式，以及室内的建设。

（8）边看推理小说，边推测犯人。

（9）从设计图、地图、照片，想象实际的情况、实际的地方和事物。

（10）重视联想。如果开始联想，中途绝不要打断，要一直想到极限。这种飞跃性的联想是个好办法。

（11）将自己沉浸在另一时空中。读一部好的历史小说或科幻小说，自己往往会在突然的一瞬间，脱离了现代，陷入一种种生活在过去或未来世界的错觉，这时候，过去、未来是非常有变化的，鲜明的形象会浮现在脑中。这种感觉，可以称为"时间器的感觉"。自己如果生活在过去或者未来，会是怎么样的情况呢？思索着、思索着，过去或未来的形象便丰富地浮现在脑中了。从现在到未来，从过去到现在，从未来到现在，如此这般，自由自在地想象不同的时间，让自己的想象在另一时空里渡过。这都是时间器的感觉。

从时间器的观点来看，过去和未来是同样的一件事；只不过是目的地不一样而已，就像从北京出发，到广州，或者到海口，这一点不一样罢了，其他不都相同吗？将自己沉浸在过去或未来的时间中，体会一下时间器的感觉，会将时间向过去和未来两个方向延长。这样一来，便可以扩大管理者的生存时间，开发管理者的时间，还有，也将使先见之明和对未来的时间感觉更加敏锐。想要使对时间器的感觉更为敏锐，还是必须发挥丰富的想象力。

爱因斯坦是一个形象——手中拿着一面镜子，乘着光飞进宇宙，这正是时间器的感觉。爱因斯坦从这个形象中获得启示，累积了无数的实验和理论计算，终于产生了相对性理论。想象力是必要的，不仅艺术家或文家家需要它，而且人人都得具备。回溯过去也是一样的情况，若是一味地死读史实以及书本的知识，不从这个范围中跨出一步，那么，永远也不会产生时间器的感觉。

让想象力自由发挥，让历史上的事件浮现在脑中，洞察历史上的每一位人物的言行举止，以及他们的心理——这是种必要的感觉。

11. 想象力的实战练习

想象力训练总体上来说分为四大个部分。

第一类：直观心像的转化，将书面声音等信息，在脑海成像；

第二类：新成立图像转化1，借助时空转换构成新图像或场景；

第三类：新成立图像转化2，运用角色错位法构成图像或者场景；

第四类：新成立图像转化3，时空和角色同时扭转构成图像或者场景。

其中第一类图像转化是生物的本能性能力，在此不做深入探讨。其他几种新图像或者说想象力的转化的方式和方法：

图像再造性想象训练

再造性想象，在一定场景下和时间背景下，就像导演一样，导演一个事先不存在的事物或者没有发生的事情，再造性尽可能进行夸张、幽默性发生的事情创造，调动已有知识和表象积累，对所供材料进行想象，从而创造出一种源于材料又不同于材料的意象。

比如《过故人庄》有人写道：诗人来到朋友的农庄，只见青的山，绿的树，清清的溪水，金灿灿的菊花，只见稻场上谷垛堆堆，园子里蔬菜郁郁葱葱。村民们吆喝着、笑着担着满筐满筐的谷子，孩子们捕蜻蜓，追蝴蝶，笑着闹着捉迷藏。微风拂过，传来阵阵鸡鸭的和声，送来缕缕浓郁的菊香，混合着泥土的清香，让人心身俱醉！诗人吃着香喷喷的鸡肉，兴致勃勃地谈论着丰收的年景，沉醉在这美好的田园风光和浓浓的朋友情谊之中。

图像延伸性想象训练

要求根据原信息情节的发展，开展想象，推测故事发展的趋向。

比如：一个银行老板和一个文人打赌——如果文人能连续十五年

深居在一间屋子里整天看书，闭门不出，不接待客人，银行老板就愿意输给他一大笔钱。文人同意了，于是日复一日、冬去春来，他天天在屋子里读书，哲学、历史、人物传记、丰富的想象力。

图像联结性想象训练

此类训练是将已有的信息，通过移花接木，或者时空转换的方法，使两者发生联系，联系的总类可以是空间顺序性，也可以是时间逻辑性的，也可能是内在关联或者故事性逻辑性的，衔接想象注意尽可能波澜起伏，进入新颖奇特的境界。

比如：一名学生正在家里做数学作业，窗外阳光明媚，百花吐艳，雀鸟啼鸣，一派怡人景象。而窗内的他，脸上却一会儿阴云密布，一会儿秋霜遍洒，原来为了一道题，他已坐了一个小时，仍无半点眉目。

烦恼之情，焦躁之意，已在他心头生起，他似乎觉得周围的一切都在和他作对，甚至觉得阳光也过于刺眼，觉得闹钟上的那只猫头鹰来来回回地翻着眼睛，也是在有意作弄他，他再也写不下去了，把笔一摔，怏怏地走出房间，跑到阳台上……突然，他像悟到了什么，健步走回屋中，重新坐到桌前平心静气地演算起来。这名学生在阳台上看到了什么呢？请合理想象，补写中间"思想转弯"的部分。

情境转移性想象训练

原有的事物和故事结构，如果放置在不同的情境下，会产生别有意思的结果，比如把如来佛放在马桶上，戏剧效果不需要任何加工就出来了，创设情境时应能触及自己的动情点、兴奋点，使自己很快入情入境，唤醒自己沉淀的记忆，启发想象。

比如：走进办公室，我总觉得气氛有些异常，我看见一些同事窃窃私语，躲躲闪闪的目光，确似乎在瞟我。我没有理睬，径直走向座位，可是刚一拉开抽屉，一个色彩鲜艳的塑料皮本便掉在地上——天啊，我的日记本！我的秘密终于藏不住了……这种情景，大家平时有感知，有表象积累，一旦入情入境，便会插上想象的翅膀。

练习一

在脑海里设想一朵玫瑰花，想象它的芳香。你正在一座开满玫瑰花的山上，山上飘荡着浓郁的玫瑰花香味。花香对你会有什么作用？在这种情况下你会干什么？滴一滴麝香来重复这个练习。然后设想满满一湖的麝香会产生多么浓烈的香味。再次发挥想象力，想象一片森林里小鸟婉转啼唱，此起彼伏，煞是热闹的情形。

这些练习应该在一间安静的屋子里进行。一定要调动意志力管住自己的大脑努力做这个练习。想象的时候要尽可能地清晰真切，反复想象直到这幅图象在脑海里生动地浮现，就像真实地呈现在眼前一样。

练习二

站在潺潺流过的小溪或瀑布旁边。现在认真地倾听传到你耳中的声响。各种声音混合在一起有一种整体的声音效果。这种声音听起来像什么？它让你想起了什么？它使你生发什么样的情绪？你对这个声音的整体效果逐渐适应后，试着辨别这个声音是由哪些声音混合而成的？把这个过程认真细致地完成后——即把整个声音拆分成不同的组成部分之后——想象其中的一种声音非常嘹亮而清晰，让这个声音尽可能地响亮；然后继续想象另一种声音，第三种声音，不断地继续下去，直到所有的声音组合都完成。

最后，从这个有声音的地方换到一个安静的地方，回想刚才听到的声音，首先作为整个的组合音响，然后再回想刚才分析过的每一种声音。不断地练习直到能够很随意很轻松把这些声音想出来。

练习三

根据记忆回想一个遥远而真实的风景。不容易想起来的是那些细节的地方，但是细节一定要有。只要不断地使劲回忆，你一定能想象出来。一定要使想象中的这个地方就像真的一样，清清楚楚地呈现在你的脑海里。在这个过程中，你需要不时调整自己最初设想的图景，使这片风景栩栩如生地展现在你眼前，让大脑保持敏锐积极的想象，继续用不同的景观来进行这个练习，直到你能够随时随地毫不费力地设想某种真实的景致。

练习四

下面提供几种既简单又能够提高想象力的实例方法。

看看天花板的污渍或云朵的形状，然后在脑海中描绘出它的形象。不光只是做一次或两次，做了好几次后，就会出现效果。

在公共汽车车厢，看见某杂志周刊的广告，或是看了某本书的题目，便想象其中的内容，然后，与实际的内容做一比较检查，如此一来，就可以充分地把握自己的想象力。

看书时，采用跳读方式；跳过的地方，运用想象力想象它的内容。

看过电视转播的运动比赛以后，想象第二天报纸的标题，以及报导内容。

以琐碎的小事和资料为基础，创造出一个故事。

和人见面以前，事先预想会面对的状况，并且设想问题。

对于尚未去过的地方，想象它周围的风景，建筑的样式，以及室内的建设。

边看推理小说，边推测犯人。

从设计图、地图、照片，想象实际的情况、实际的地方和事物。

重视联想。如果开始联想，中途绝不要打断，要一直想到极限。这种飞跃性的联想是个好办法。

故事续编：假如地球上只剩下你一个人了，这时你听见了敲门声……

想象力游戏——掰故事：几个人围坐一起，第一个人先编一段故事，故事中必须包含事先随便给出的7个词语。这个人发言结束之后，再给出7个词（每个参与游戏的人所给出的词语，必须有一个是相同的）第二个人再编段故事，故事中包含第一个人给出的7个词语……如此循环。

例如，首次给出的7个词为：*1. CPI　2.* 博客　*3.* 寻找　*4. 2012*年　*5.* 玩完　*6.* 芙蓉　*7.* 花痴